# Estado Democrático de Direito

## Nova Teoria Geral do Direito do Trabalho – Adequação e Compatibilidade

*Bem sei, talvez não seja apropriado realizar uma dedicatória utilizando-se das palavras de um outro, mas quando estas palavras são do nosso poetinha, Vinicius de Moraes, nada mais há para ser dito e de melhor forma e poesia ao meu filho Pedro a quem dedico esta tese: "E porque vivemos tanto tempo juntos e tanto tempo separados, e o que o convívio criou nunca a ausência pôde destruir... E a morte me espera em algum lugar oculta, e eu não quero ter medo de ir ao seu inesperado encontro. Por isso que eu chorei tantas lágrimas para que não precisasses chorar, sem saber que criava um mar de pranto em cujos vórtices te haveria também de perder. E amordacei minha boca para que não gritasses e ceguei meu olho para que não visses; e quanto mais amordaçado, mais gritavas e quanto mais cego mais vias...*

*E assim como sei que toda minha vida foi uma luta para que ninguém tivesse mais que lutar: Assim é o canto que te quero cantar, Pedro meu filho..."*

**ARNALDO JOSÉ DUARTE DO AMARAL**

*Juiz do Trabalho. Mestre e Doutor em Direito. Professor Universitário.*

# ESTADO DEMOCRÁTICO DE DIREITO

## Nova Teoria Geral do Direito do Trabalho – Adequação e Compatibilidade

EDITORA LTr SÃO PAULO

Dados Internacionais de Catalogação na Publicação (CIP)
(Câmara Brasileira do Livro, SP, Brasil)

Amaral, Arnaldo José Duarte do
Estado democrático de direito : nova teoria geral do direito do trabalho : adequação e compatibilidade / Arnaldo José Duarte do Amaral. — São Paulo : LTr, 2008.

Bibliografia.
ISBN 978-85-361-1120-9

1. Direitos do trabalho — Teoria 2. Direitos fundamentais 3. Estado — Teoria 4. Estado de direiro 5. Estado democrático 6. Felxibilização do trabalho I. Título.

08-01383 CDU-34:331

Índice para catálogo sistemático:

1. Direito do trabalho : Teoria geral : Adequação e compatibilidade 34:331

*Produção Gráfica e Editoração Eletrônica:* **Peter Fritz Strotbek**
*Capa:* **Fábio Giglio**
*Impressão:* **HR Gráfica e Editora**



LTr
**EDITORA LTDA.**

*Rua Apa, 165 – CEP 01201-904 – Fone (11) 3826-2788 – Fax (11) 3826-9180*
*São Paulo, SP – Brasil – www.ltr.com.br*

**LTr 3583.5** **Março, 2008**

## *Agradecimentos*

*A lista de agradecimentos é longa, mas poderia ser resumida a uma única frase: obrigado, Rio de Janeiro. Sim, obrigado por tudo que vi e vivi nesses anos de estudos e de vida, obrigado aos amigos que fiz por lá, obrigado, sobremodo a Eduardo, a Leila e a Márcia, obrigado aos meus alunos e, em especial, a Mônica, obrigado ao Cristo Redentor sempre cuidando dos meus perdidos passos em sua cidade, zelou por mim mesmo sem eu merecer, obrigado. Obrigado ao Jardim Botânico e às caminhadas que eu fazia e ainda faço por lá, obrigado ao Garcia Rodrigues, ao baixo Leblon etc. Não há maneira melhor de agradecer do que simplesmente lhes dizer: fui feliz ao lado de vocês. Serei feliz todas as vezes em que me lembrar de vocês. Obrigado ao professor Romita pelas aulas de direito e de vida. A atenção habitual e tão delicada do professor Ribas e de Neuza. Sim, é claro, agradeço aos juízes do TRT da 13ª Região que em acalentadora visão perceberam a importância de se conjugar estudo com a prática da magistratura e autorizaram o afastamento de minhas funções para que eu pudesse me dedicar a este curso de doutorado. Obrigado, também, aos amigos que ficaram na terrinha, Assis, Eudes e David, não apenas porque "seguraram a peteca" enquanto eu estudava, me perdia e me encontrava, mas, sobretudo, pela amizade certa que encontrei em vocês ao me apoiarem nesses momentos; a Luciano Marinho pela correção e correção de vida; aos irmãos Albino e Carlos pela simples e completa certeza que conto sempre com vocês; aos compadres João e Gabi e ao meu afilhado, sempre presentes e verdadeiros presentes em minha vida. Por fim, um especial agradecimento a minha família, a meu pai, a minha mãe e irmãs, Cássia, Fernanda e Zel, pela luz que ajudam a alumiar minha vida e a Dirce, luzeiro maior, pois em tudo que bem faço ou bem procuro fazer vocês sempre estão. Com carinho eterno.*

*Arnaldo.*

# SUMÁRIO

# PREFÁCIO

*Troppo spesso il diritto viene considerato e interpretato prescindendo dalla realtà sostanziale, talora addiritura in antitesi con la realtà sociale.* Com demasiada freqüência o direito é considerado e interpretado com desprezo da realidade substantiva, às vezes até em antítese com a realidade social.

*Sergio Lariccia*[(1)]

*Cum igitur hominum causa omne ius constitutum sit.* Pois todo o direito é estabelecido em função dos homens.

*Hermogeniano*[(2)]

*De trás del llamamiento a los valores más elevados y universales es fácil que se esconda la más desapiadada lucha por el poder, el más material de los intereses.* Atrás do apelo aos valores mais elevados e universais é fácil esconder a mais impiedosa luta pelo poder, o mais material dos interesses.

*Gustavo Zagrebelsky*[(3)]

O *leit motiv* da tese com que o Prof. *Arnaldo José Duarte do Amaral* conquistou com brilhantismo o título de doutor em direito reside na demonstração de que o Direito do Trabalho deve ser interpretado e aplicado com atenção aos valores inerentes à dignidade da pessoa do trabalhador. Esta diretriz coincide com os rumos que os estudos do Direito do Trabalho vêm trilhando, no Brasil, de alguns anos a esta parte.

A partir da verificação de que o Direito do Trabalho é, com demasiada freqüência, considerado e interpretado com desprezo da realidade substantiva e, até mesmo, em certos casos, em antítese com a realidade social (*vd.* 1ª epígrafe, acima), o Prof. *Duarte do Amaral*, forte na crença de que todo direito é estabelecido em função das mulheres e dos homens (*vd.* 2ª epígrafe, acima), preconiza a aplicação da normatividade pertinente às relações de trabalho em consonância com os fins últimos, cuja busca orienta a humanização do Direito do Trabalho.

Alcançar este desiderato depende da tomada de consciência de que não basta afirmar em solenes (e vazias de alcance prático) declarações o primado do

(1) LARICCIA, Sergio. *Nuove prospettive per la tutela delle persone.* In: *AAVV. Valore della persona e giustizia contrattuale* — scritti in onore di Adriano De Cupis. Milão: Dott. A. Giuffrè, 2005. p. 170.

(2) D., I, tít. V, De *Statu Homimni*, 2.

(3) ZAGREBELSKY, Gustavo. *La idea de justicia y la experiencia de la injusticia.* Trad. de Miguel Carbonell. Madrid: Trotta, 2006. p. 18.

valor *trabalho* na montagem do Estado democrático de direito, pois tais declarações, em determinadas circunstâncias, ocultam a mais impiedosa luta pelo poder, o mais material dos interesses (3ª epígrafe, acima).

No particular , assume especial relevância a corrente de idéias que, em tema de hermenêutica jurídica, recebeu o epíteto de "nova hermenêutica".

Os métodos tradicionais de interpretação da lei — literal (gramatical), histórico, dogmático, teleológico, interpretação extensiva e restritiva — hoje estão desacreditados. Tinham espaço quando o raciocínio jurídico seguia o paradigma da aplicação, adequado às codificações do século XIX e característico do direito liberal-individualista.

A partir da norma geral e abstrata, o procedimento lógico-dedutivo, por meio do silogismo jurídico, chegava automaticamente à "correta" aplicação da lei à hipótese concreta.

O método lógico-formal sofreu críticas dos juristas ao longo do século XX e foi aos poucos perdendo vigor. Cedeu espaço a um modelo de interpretação que leva em conta a textura aberta da norma jurídica, acolhendo a importância crescente dos valores e dos princípios jurídicos, assim como a atividade criadora do intérprete.

Concretizou-se a passagem do modelo tradicional normativista ou da exegese para um novo modelo de tipo axiológico.

Hoje, impera o processo criativo do direito, contrário às pretensões do positivismo e do formalismo.

Segundo o processo interpretativo compatível com as exigências da realidade social contemporânea, o jurista não deve reproduzir ou "descobrir o verdadeiro significado" da lei, mas sim criar o sentido que mais convém à realidade palpitante e viva.

A sabedoria dos romanos já assentara que *soire leges non est earum verba tenere sed vim ac potestatem* (Celso. Dig., liv. I, tít. III, 17). Conhecer as leis não é compreender suas palavras, mas sua força e poder. Por "força e poder", no texto latino, há de se entender a valoração social que a lei promove.

O grande mérito da contribuição de *Hans Georg Gadamer* à hermenêutica jurídica reside na demonstração de que é impossível reproduzir sentidos. Por isso não se pode mais falar em *Auslegung* (interpretação) e sim em *Sinnlegung* (atribuição de sentido). O processo hermenêutico é sempre produtivo e criativo. A tarefa de interpretar a lei passa a ser uma tarefa criativa, de atribuição do sentido.

O primeiro comando de toda interpretação dirigido ao intérprete é livrar-se do arbítrio das idéias preconcebidas e da estreiteza dos hábitos de pensar já ultrapassados, para adaptar-se às exigências da nova realidade.

O texto e a norma não se confundem. A norma será sempre o resultado da interpretação do texto.

A interpretação e a aplicação dos textos legais reguladores das relações entre o capital e o trabalho não podem deixar de levar em conta duas orientações antagônicas: de um lado, a onisciência prepotente do legislador, de outro a desvalia dos comandos legais ante as reais exigências da sociedade. Em célebre conferência proferida em 1848 sobre "A falta de valor da jurisprudência como ciência", *Kirchmann* asseverou que, "enquanto a ciência do direito assume como próprio objeto o contingente, torna-se ela mesma contingente; três palavras de retificação do legislador, e bibliotecas inteiras tornam-se papel de embrulho". Impossível elevar a grau mais elevado a relevância do papel desempenhado pelo legislador. No extremo oposto, coloca-se a também conhecida reflexão de *Jean Cruet*: "Vemos diariamente a sociedade refazer a lei; jamais se viu a lei refazer a sociedade". Como última frase de sua conhecida obra *(La vie du Droit et l'impuissance des lois)*, escreve ele que "o direito não domina a sociedade, ele a exprime". De fato, bem limitado, segundo essa corrente de pensamento, é o papel reservado à lei no contexto social, pois para o legislador, ainda segundo *Jean Cruet*, não há outro absoluto senão o possível.

A ordem jurídica não é uma ordem natural: na verdade, o direito é um fenômeno histórico, em constante evolver. Não lhe cabe fixar ou imobilizar as relações sociais, tentar cimentá-las, mas sim manter em equilíbrio todas as atividades sociais, sem jamais entravar seu movimento perpétuo.

*Eugen Ehrlich* demonstra que o ordenamento jurídico se funda diretamente sobre as relações econômicas, os costumes, as relações de domínio e de poder, especialmente em suas formas mais relevantes do estatuto, do contrato, das disposições de última vontade. Desses fatos emergem as normas que determinam o comportamento do homem em sociedade. As proposições jurídicas, todavia, adquirem expressão nesse contexto, porquanto, sob a forma de leis, decisões judiciais e provimentos de órgãos administrativos exercem influência sobre os fatos, alterando os costumes, as relações de poder e de domínio, os estatutos, os contratos, etc. Essa interação entre o direito e os fatores sociais, em uma relação de dependência recíproca, é hoje pacificamente aceita pelos estudiosos da Sociologia do Direito.

Essa análise, entretanto, não é suficiente. Na realidade, ao chegarmos a esse ponto, não podemos pensar que solucionamos o problema, mas, pelo contrário, somos forçados a reconhecer que aí começam as dificuldades. Não basta declarar que o direito tem laços estreitos com todos os outros fenômenos sociais ou até que ele é um fato social. As confusões e simplificações surgem a partir desse ponto, de tal maneira que na tentativa de isolar os fatores sociais, o observador identifica na verdade a ideologia da sociedade, tal como ocorreu com *Duguit*, que reduzia à solidariedade entre os indivíduos o fundamento do direito objetivo encontrado em uma dada sociedade.

O vertiginoso aumento das tarefas assumidas pelo Estado na sociedade industrial, caracterizada pelo capitalismo avançado ou maduro, exige o emprego do ordenamento jurídico como instrumento da atividade intervencionista, centrada no planejamento econômico. A ideologia do Estado pluralista, árbitro entre os integrantes dos grupos sociais e portador da vontade geral dos indivíduos-cidadãos, vem a ser suplantada pela ideologia do Estado-instância técnica em face das necessidades intrínsecas da produção, da industrialização e do processo técnico.

Caberia ainda registrar, como resposta afirmativa à indagação formulada, a corrente doutrinária que remonta a L. Perazycki, no ano de 1890. Essa corrente, que preconizava a construção da vida social de maneira objetiva e racional, apóia-se na possibilidade de previsão dos efeitos da legislação. Verdadeira obra de engenharia social, a ciência da política do direito forneceria conhecimentos que poderiam facilitar o uso de métodos racionais e eficientes para mudar a vida social.

O direito não surge pronto e acabado da mente do legislador, como Minerva a emergir, adulta e revestida de elmo e armadura, da cabeça de Júpiter. A decisão do legislador pressupõe uma opção entre projeções normativas preexistentes. O legislador, na verdade, não cria o direito, porém seleciona e confere dignidade vinculativa a preceitos dotados de virtude coercitiva. O direito não surge do nada.

O direito é estatuído, o que envolve contingência, de modo que o direito positivo pode ser caracterizado por meio da consciência de sua contingência. Interferindo, como interfere, na organização social, o direito não pode excluir a possibilidade de realizar mudanças sociais. A mudança social planejada permanece, portanto, na esfera das possíveis realizações práticas do direito, o que nos conduz aos domínios da política social.

Urge conciliar os interesse antagônicos dos fatores de produção — capital e trabalho —, tarefa difícil, mas não impossível no âmbito do Estado democrático de direito. A constitucionalização do Direito do Trabalho atribui-lhe eficácia, o que, em tempos passados, constituía motivo de lamentos por parte dos estudiosos.

O reconhecimento da viabilidade da aplicação dos direitos fundamentais dos empregados e dos empregadores na composição dos recíprocos interesses (antagônicos, mas não inconciliáveis) constitui a pedra de toque da nova teoria geral do direito do trabalho, visualizada pelo Prof. *Duarte do Amaral*, que reúne todos os requisitos para se converter em realidade. O livro que o leitor tem em mãos constitui, assim, uma preciosidade que o público certamente saberá prestigiar.

*Arion Sayão Romita*
Da Academia Nacional
de Direito do Trabalho.

*Inverosimilhanças e Curiosidades, onde, admirável coincidência que vem a matar neste venturoso relato, se dá como exemplo de erro a afirmação do sábio Aristóteles de que a mosca doméstica comum tem quatro patas, redução aritmética que os autores seguintes vieram repetindo por séculos e séculos, quando já crianças sabiam, por crueldade e experimentação, que são seis as patas das moscas, pois desde Aristóteles as vinham arrancando, voluptuosamente contando, uma, duas, três, quatro, cinco, seis, mas essas mesmas crianças, quando cresciam e iam ler o sábio grego, diziam umas para as outras, A mosca tem quatro patas, tanto pode a autoridade magistral, tanto sofre a verdade, com a lição dele que sempre nos vão dando.*

*(José Saramago)*

# INTRODUÇÃO

## Objetivos

A presente tese pretende demonstrar a necessidade de uma nova teoria geral do direito do trabalho, lançando, concomitantemente, seus fundamentos.

Essa nova teoria geral do direito do trabalho deve estar em conformidade com o modelo de Estado adotado na Constituição vigente e com a teoria geral do direito que lhe é correspondente, ou seja, deve estar em conformidade ao Estado democrático de direito (fórmula política[(1)]) e à jurisprudência de valores[(2)(3)].

De fato, o direito do trabalho, tal como é conhecido e professado aqui e, quiçá, alhures, encontra-se preso (limitado) a um modelo de Estado hoje superado (Estado social) e a uma teoria geral de direito incompleta (jurisprudência de interesses)[(4)].

Urge, pois, atualizá-lo, colocando-o no rumo apontado. Afinal, a República Federativa do Brasil é um Estado democrático de direito, consoante se deflui da

---

(1) Ora, nunca é demais lembrar que a fórmula política esposada pelo constituinte (Estado democrático de direito) é o principal vetor de orientação para correta interpretação de uma Constituição e, por conseguinte, de todo ordenamento jurídico, ensina GUERRA FILHO, Willis Santiago. *Processo constitucional e direitos fundamentais.* São Paulo: Celso Bastos Editor, 1999. p. 24.

(2) Consoante lição de Alexy, quando, nesta tese, se utiliza o termo jurisprudência, faz-se no sentido de ciência do direito. Conf. ALEXY, Robert. *Teoría de los derechos fundamentales.* Madrid: Centro de Estúdios Constitucionales, 1997. p. 29. Ainda neste contexto, em tese, a jurisprudência de conceitos estaria coligada, principalmente, à ciência do direito (que tem como objeto de estudo a norma jurídica); a jurisprudência de interesses, por sua vez, estaria jungida, sobremodo, à sociologia jurídica (fato); e a jurisprudência de valores, por fim, estaria concatenada à filosofia do direito (pois estaria centrada na axiológia). Entretanto, na atualidade, ensina Alexy, uma correta apreciação e estudo da ciência do direito exige uma visão global destas três esferas de realidade do direito e assim proclama a jurisprudência de valores. Conf. ALEXY, Robert. *Teoría de los derechos fundamentales*, cit., p. 29-33.

(3) Acerca da evolução da jurisprudência, preleciona Ricardo Lobo Torres: "A jurisprudência dos conceitos projetou para o campo fiscal a interpretação formalista e conceptualista. *A jurisprudência de interesses se transformou na 'chamada' interpretação econômica do fato gerador. A jurisprudência de valores, que nas últimas décadas passou a prevalecer em todas as nações cultas, substitui as duas outras ao atrelar a interpretação jurídica aos princípios éticos e jurídicos vinculados à liberdade, segurança e justiça*" (grifo nosso). Conf. TORRES, Ricardo Lobo. A chamada "interpretação econômica do direito tributário". In: ROCHA, Valdir de Oliveira (Coord.). *O planejamento tributário e a lei complementar 104.* São Paulo: Dialética, 2001. p. 235. Intentamos trazer esta realidade para o direito do trabalho.

(4) Na Alemanha, a consciência da não-completude da jurisprudência de interesses, até mesmo no campo das relações de trabalho, já foi alcançada. Conf. LARENZ, Karl. *Metodologia da ciência do direito.* Tradução: José Lamego. 3. ed. Lisboa: Calouste Gulbenkian, 1997. p. 114, nota 4.

leitura do preâmbulo e do art. 1º da Constituição vigente(5). Dessa idéia central, a ciência do direito não pode afastar-se.

Nesse passo, desenvolver-se-á, entre outras coisas e com algumas naturais e eventuais discrepâncias, as idéias expostas por nosso orientador — professor *Arion Sayão Romita* — no ensaio intitulado *O princípio da proteção em xeque*. Nesse ensaio, assim preleciona o catedrático sobre a necessidade desse novo direito do trabalho:

> Hoje, o Brasil é a nona economia do mundo industrial, encaminhando-se para a civilização do conhecimento. O trabalhador industrial típico do modo de organização fordista-taylorista transforma-se no trabalhador do conhecimento e da informação. *Por outro lado, o Brasil se tornou um Estado democrático de direito* (Constituição, art. 1º)(6) (grifo nosso).

Adiante, conclui *Arion Sayão Romita*:

> Não constitui função do direito — qualquer dos ramos do direito — proteger algum dos sujeitos de dada relação social. Função do direito é regular a relação em busca da realização do ideal de justiça(7).

Nesse prumo, esta tese não irá proclamar o fim do direito do trabalho, tema este, aliás, tão recorrente nas academias do mundo ocidental(8), pois a relação de trabalho há sempre de ser regulada. E esse deve ser o fito do direito do trabalho: regular com justiça uma relação de trabalho.

Será proclamada, portanto, necessidade de atualização do direito do trabalho com o mundo hodierno e a Carta vigente, em que a busca da realização da justiça e da concretização dos direitos fundamentais é o norte a determinar o prumo de toda ciência jurídica (jurisprudência de valores)(9).

Aliás, a possibilidade de flexibilização dos direitos trabalhistas, quando encetada em uma visão de possibilidade de os grupos sociais organizados (sobremodo os sindicatos de empregados e empregadores) criarem e ditarem as regras regedoras dos contratos de trabalho (observando a não-violação de direitos fundamentais

---

(5) Nesse sentido, contextualizar-se-á a Constituição, e a ordem de valores que engloba e se propõe concretizar, em um cenário de uma sociedade pluralista, porém, fortemente conectado ao ideário comunitário como ensina Gisele Cittadino. CITTADINO, Gisele. *Pluralismo, direito e justiça distributiva.* Elementos da filosofia constitucional contemporânea. Rio de Janeiro: Lumen Júris, 2004. p. 4.

(6) ROMITA, Arion Sayão. *O princípio da proteção em xeque e outros ensaios*. São Paulo: LTr, 2003. p. 20.

(7) *Ibidem*, p.23.

(8) Anota-se a existência de vasta corrente doutrinária proclamadora do fim do direito do trabalho, CATALDO, José Luis. *El nuevo derecho do trabajo.* Santiago do Chile: Universitária, 2004. p.13, 14 e 17. Contudo, na esteira da mencionada obra, defende-se uma renovação do direito do trabalho e não o seu fim.

(9) Colabora, neste pensar, a Emenda Constitucional n. 45, que alargou, sobremaneira, a competência da Justiça do Trabalho.

e primando pela sua concreção) é mais apropriada ao Estado democrático de direito, pois esse modelo de Estado caracteriza-se por estimular a participação popular como fórmula de obter a necessária legitimação(10).

Por outro lado, como ensina *Lenio Luiz Streck*(11), há um novo paradigma no Estado democrático de direito a ser lembrado: o papel transformador do Estado. Não mais existe, pontifica o mencionado professor, o Estado não interventor (liberal) ou o Estado interventor (social), existe, sim, o Estado transformador que busca concretizar as promessas da modernidade, fazendo interagir Estado e sociedade, existe o Estado democrático de direito.

Desta feita, o curso a seguir passa por irrigar o direito do trabalho com a teoria dos direitos fundamentais(12), buscando, nesse trilho, examinar e fixar as corretas balizas (limites) de institutos relativamente novos no direito laboral, tais como a flexibilização e a terceirização(13).

Nesse diapasão, esta tese, também, tem como finalidade demonstrar que dessa inserção do direito do trabalho na teoria dos direitos fundamentais, decorrente da necessária conexão entre o modelo do Estado democrático de direito hoje vigente e a teoria geral do direito correspondente, decorre de outro dado extremamente relevante a ser considerado pelo aplicador do direito, qual seja, nesse modelo de Estado, a proteção e a concretização, pelo Poder Judiciário, dos direitos fundamentais é o norte a orientar toda e qualquer decisão judicial. Nesse sentido, destaque-se a lição de doutos, alicerçada na doutrina de *Castanheira Neves*, cujo teor é o seguinte:

> Consideramos que os três modelos de classificação desse jurista demonstram a evolução do Estado liberal (a partir do normativismo legalista), com ênfase para as funções do Poder Legislativo, para o Estado social (funcionalismo), com predominância das funções administrativas e sua capacidade de promover

---

(10) Como modelo de utilização de acordos e convenções coletivas do trabalho para concreção de direitos fundamentais, mencionamos a cláusula coletiva de promoção da igualdade no emprego e na ocupação para o trabalhador negro. Idéia defendida pela Procuradora do Trabalho Maria Aparecida Gugel. GUGEL, Maria Aparecida. Cláusula coletiva de promoção da igualdade no emprego e na ocupação para o trabalhador negro. *Revista do Ministério Público do Trabalho na Paraíba*, João Pessoa, n. 1, p. 28-44, 2005.

(11) Conf. STRECK, Lenio Luiz. O Papel da jurisdição constitucional na realização dos direitos sociais-fundamentais. In: SARLET, Ingo Wolfgang (Coord.). *Estudos de direito constitucional, internacional e comparado.* Rio de Janeiro: Renovar, 2003. p. 177-179.

(12) Consoante preleciona o professor espanhol Elias Díaz, os direitos humanos (direitos fundamentais, seguindo-se o escólio de F. MÜLLER) constituem a verdadeira razão de ser do Estado de direito. É este influxo, pouco estudado aqui, mas em constante ebulição na Espanha, que será trabalhado nesta tese. Estudar-se-á, também, o influxo da adoção do modelo Estado democrático de direito no ordenamento jurídico brasileiro. Será seguida a linha evolutiva traçada pelo professor Díaz, ao analisar a evolução do Estado de direito, qual seja, Estado liberal de direito, Estado social de direito e Estado democrático de direito. DÍAZ, Elias. Estado de derecho y derechos humanos. In: BETEGÓN, Jerônimo *et al.* (Coord.). *Constitución y derechos fundamentales.* Madrid: Centro de Estudios Políticos y Constitucionales, 2004. p. 17-18.

(13) De fato, ao se debater os limites e as possibilidades da flexibilização e a interação desta com a teoria dos direitos fundamentais estar-se-á trazendo para o direito do trabalho interessante tema da teoria geral do direito civil, qual seja, transformação da autonomia da vontade em autonomia privada.

políticas de interesse primordial da coletividade e, do Estado social, para um Estado democrático de direito (jurisprudencialismo), próprio de uma sociedade pluralista, aberta aos mais diferentes valores, interessada principalmente na proteção de direitos que consideram fundamentais para o desenvolvimento individual dos membros dessa sociedade. Nesta sociedade complexa, em que há tantos valores legítimos em conflito, as funções do Poder Judiciário atingem o seu ápice, pois é a partir do ativismo dos juízes que os direitos são reconhecidos dentro da consciência jurídica dessa sociedade e a Constituição material vai sendo escrita(14).

Nesse contexto, há de se considerar um derradeiro fator: a inserção dos direitos fundamentais nas relações de trabalho também decorre da globalização, pois, a observância dos direitos fundamentais trabalhistas pelos Estados é patamar mínimo a ser exigido pela OIT e pela OMC para implementação de um comércio mundial realmente justo e leal(15).

Estabelecidos, sumariamente, os objetivos desta tese, necessário se faz fixar algumas premissas e, assim o fazendo, limitar o seu campo de estudo.

## Fixação de premissas e delimitação do tema

No presente tópico, algumas premissas serão fixadas, pois serão necessárias ao desenvolvimento desta tese(16).

Primeira premissa: o direito do trabalho é fruto do século XIX. Nesse sentido, destaque-se o escólio do professor *Evaristo de Moraes Filho*(17).

Segunda premissa: no século XIX, surgiu uma teoria geral do direito, qual seja, a jurisprudência de interesses(18).

Terceira premissa: a jurisprudência de interesses coliga-se a um modelo de Estado, o Estado social(19).

---

(14) VIEIRA, José Ribas *et al. A Constituição européia:* o projeto de uma nova teoria constitucional. Rio de Janeiro: Renovar, 2004. p. 43.

(15) ROMITA, Arion Sayão. *Direitos fundamentais nas relações de trabalho.* São Paulo: LTr, 2005. p. 212-215.

(16) Tais premissas serão esmiuçadas no decorrer da presente tese.

(17) MORAES FILHO, Evaristo de. *Introdução ao direito do trabalho*, v. 1. Rio de Janeiro: Forense, 1956. p. 321.

(18) Na lição dos professores argentinos Enrique Aftalion, Fernando Olano e Jose Vilanova, a jurisprudência de interesses teve como precursor Ihering e foi sistematizada, posteriormente, por Heck, em 1889. Conf. AFTALION, Enrique *et al. Introducción al derecho.* 11. ed. Buenos Aires: Cooperadora de Derecho y Ciencias Sociales, 1980. p. 790.

(19) Nesse diapasão, o professor Ricardo Lobo Torres coliga a jurisprudência de interesses ao Estado de bem-estar social (Estado social). Conf. TORRES, Ricardo Lobo. A chamada "interpretação econômica do direito tributário". In: ROCHA, Valdir de Oliveira (Coord.). *O planejamento tributário e a lei complementar 104.* São Paulo: Dialética, 2001. p. 236. Também, nesse sentido, trabalho de nossa autoria intitulado *Estudo acerca da correlação entre a teoria geral do Estado e a teoria dos direitos fundamentais.* Questionamentos. Trabalho realizado a título de conclusão da disciplina Teoria Jurídica do Estado, ministrada pelo professor José Ribas Vieira.

Fixadas tais premissas, é de concluir, preliminarmente: o direito do trabalho, o Estado social e a jurisprudência de interesses são frutos do século XIX e, acrescente-se, dos mesmos fatos históricos (greves, revoluções etc)[(20)]. Estão, portanto, irmanados.

Essas marcas "genéticas" do direito do trabalho cravaram-lhe características essenciais (para muitos doutrinadores, imutáveis) e que podem ser assim resumidas: o direito do trabalho existe em e exige um Estado regulador (Estado social). Esse modelo de Estado protege a parte mais fraca da relação jurídica (consoante propala a jurisprudência de interesses). De tudo isso, decorre o decantado dogma de tantos juslaboralistas: o direito do trabalho existe para proteger o trabalhador.

Dessa afirmação, deriva o princípio-mor do direito do trabalho clássico: o princípio de proteção. Prelecionando acerca desse princípio, *Américo Plá Rodrigues* pontua:

> O princípio de proteção se refere ao critério fundamental que orienta o direito do trabalho, pois este, ao invés de inspirar-se num propósito de igualdade, responde ao objetivo de estabelecer um amparo preferencial a uma das partes: o trabalhador[(21)].

Esta tese não será herege a ponto de negar totalmente o axioma exposto acima, mas tem por finalidade elaborar alguns questionamentos, procurando, assim, deslocar o eixo do direito do trabalho para outro centro de gravidade: a justiça da relação contratual e a concretização dos direitos fundamentais. Aliás, consoante ensina o professor *Arion Sayão Romita*, essa diretriz é a única condizente com o modelo de Estado democrático de direito[(22)].

O direito do trabalho irá evoluir. E tal evolução, conforme já explanado, começa por tentar trazer o direito do trabalho para o Estado democrático de direito e para a jurisprudência de valores[(23)].

---

(20) Acerca do surgimento do Estado social ou Estado do bem-estar social no século XIX, a lição do economista John Kenneth Galbraith é exata. Preleciona o professor de Harvard: "O estado de bem-estar social dos cidadãos nasceu na Alemanha com o conde Otto Von Bismarck (1815-1898) [...]. No melhor exemplo do medo de uma revolução inspirando reformas, Bismarck insistiu no abrandamento das crueldades mais patentes do capitalismo." Conf. GALBRAITH, John Kenneth. *O pensamento econômico em perspectiva.* Tradução: Carlos A. Malferrari, São Paulo: Pioneira, 1989. p. 189.

(21) PLÁ RODRIGUES, Américo. *Princípios do direito do trabalho.* Tradução: Wagner D. Giglio, São Paulo: LTr, 1993. p. 28.

(22) ROMITA, Arion Sayão. *O princípio da proteção em xeque e outros ensaios*, cit., p. 21-23.

(23) Nessa quadra, destaque-se duas posições fundamentais. Primeiro, como bem notou Willis Santiago Guerra Filho, o preâmbulo da Constituição expressa o propósito dos constituintes: instituição de um Estado democrático de direito. Determinação, também, consagrada no artigo primeiro da Constituição. Todo restante, preleciona o professor cearense, pode ser entendido como explicitação. Segundo, conforme anotado por Robert Alexy, a vinculação às três dimensões do direito (norma, fato e valor) é condição necessária à racionalidade da ciência do direito. Conf. GUERRA FILHO, Willis Santiago. *Processo constitucional e direitos fundamentais*, cit., p. 54, e ALEXY, Robert. *Teoría de los derechos fundamentales*, cit., p. 29-33.

Tal virada epistemológica, contudo, ocasionará sérios questionamentos à teoria geral do direito do trabalho majoritariamente adotada na atualidade, bem como a alguns princípios do direito do trabalho clássico(24).

Todavia, conforme já explanado, não será proclamado o fim do direito do trabalho(25). Apenas será aberta uma nova senda epistemológica, pois esta nova vertente irá permitir compreender fenômenos hoje curiais no mundo laboral, fenômenos como a flexibilização, por exemplo, e fornecer os critérios seguros de sua correta aplicação jurídica (dominando a teoria dos direitos fundamentais). Ou seja, um novo direito do trabalho será elaborado(26).

## Objeto e plano de estudo

No desenvolvimento desta tese, serão fixados os seguintes azimutes: a teoria geral do Estado e a teoria geral do direito evoluíram (modificaram-se) ao longo da história.

Destarte, conquanto difícil delimitar fenômenos históricos, pois eles não são estanques, tentar-se-á coligar três momentos distintos, mas interligados, da teoria geral do direito e da teoria geral do Estado a três fatos históricos diferentes.

a) Revolução Francesa: o dogma da liberdade individual liga-se ao modelo de Estado liberal e à jurisprudência de conceitos;

b) Primeira Guerra Mundial: a consolidação da intervenção do Estado amolda-se em prol dos mais necessitados. Surge o Estado social e a jurisprudência de interesses;

c) Segunda Guerra Mundial: a intervenção do Estado amolda-se em prol da justiça. Surgem o Estado democrático de direito e a jurisprudência de valores(27).

---

(24) O professor José Luis Cataldo assim preleciona sobre esse direito do trabalho clássico: "Dicho modelo clásico del Derecho de Trabajo era un Derecho unidireccional, establecido y aplicado en beneficio del trabajador." Conf. CATALDO, José Luis. *El nuevo derecho del trabajo*, cit., p. 27.

(25) Como preleciona o professor José Luis Cataldo, vários doutrinadores prognosticaram o desaparecimento do direito do trabalho. Conf. CATALDO, José Luis. *El nuevo derecho del trabajo*, cit., p. 27.

(26) Será trabalhado, portanto, a constitucionalização do direito do trabalho.

(27) Nesse sentido, vale a pena transcrever o seguinte trecho do professor BAHIA, Alexandre Gustavo de Melo Franco. *Interpretação jurídica no marco do Estado democrático de direito:* um estudo a partir do sistema de controle difuso de constitucionalidade no Brasil. Disponível em: <http://jus2.uol.com.br/doutrina/texto.asp?id=3588> Acesso em: 14 set. 2005: "Valemo-nos da noção de paradigma, no sentido dado por Thomas Khun (In: 'A Estrutura das Revoluções Científicas'), o qual salienta a historicidade e descontinuidade do conhecimento científico, que se dá por alteração de paradigmas, que são, pois, aquelas pré-compreensões que integram o pano-de-fundo da linguagem (CARVALHO NETTO, 2001. p. 15); e que, por isso, são requisitos contrafactuais que a possibilitam. A comunicação trabalha com pressupostos contrafactuais para que possa se dar: o pressuposto de que há entendimento funda-se justamente no compartilhamento de um mesmo pano-de-fundo entre o que fala e o que ouve. Um paradigma é, numa determinada comunidade, um universo que se dá por suposto na (que dá sentido à) normatividade social quotidiana. No que toca ao constitucionalismo, podemos falar em três paradigmas: o do Estado liberal, Estado social, e Estado democrático de direito".

Evidentemente, esses três momentos não aconteceram simultaneamente em todo o mundo jurídico (a história não ocorre em departamentos estanques), conforme será demonstrado. Mas, decerto, findaram por contagiar todo mundo jurídico ocidental como ocorre hodiernamente, até mesmo no campo do direito do trabalho[(28)].

Prestados os esclarecimentos devidos, será traçado o seguinte rumo: primeiro, a apresentação da presente tese, expondo os seus objetivos e delimitando as linhas gerais a serem estudadas. Para tanto, serão realizados cortes epistemológicos necessários, discernindo (limitando) o que será estudado. Após isso, a tese será dividida em quatro partes e na conclusão.

Na primeira parte, serão demonstrados os fatos históricos iniciais conformadores do direito do trabalho e a evolução desse ramo da ciência do direito ao longo da história da humanidade.

Nessa etapa, especial realce terá o modelo de Estado liberal e a jurisprudência de conceitos. Serão examinadas, ainda, a origem e o apogeu do direito do trabalho, coligando-o com as teorias gerais de Estado e de direito correspondentes (Estado social e jurisprudência de interesses).

Por derradeiro, nessa primeira parte, serão tecidas considerações acerca da etapa posterior da teoria geral do Estado e da ciência do direito, qual seja, o Estado democrático de direito e a jurisprudência de valores, coligando-os à necessidade de se construir um novo direito do trabalho.

Na segunda parte, será debatido o conceito de direitos fundamentais a ser adotado nesta tese e a possibilidade da aplicação desses direitos nas relações privadas. Por fim, nessa segunda etapa, a explanação terá por objeto a hermenêutica dos direitos fundamentais (hermenêutica concretizadora).

Adentrar-se-á, em seqüência, na terceira parte. Nesta, serão esboçados os fundamentos de uma nova teoria geral do direito do trabalho. Nesse afã, serão conectados os direitos fundamentais à flexibilização, debatendo, assim, os corretos limites e balizas desse instituto. Objetiva esta parte demonstrar que a própria flexibilização decorre dessa interação entre o direito do trabalho e os direitos fundamentais: "flexibilizam-se" os direitos do empregador, que não mais pode dispor do seu poder diretivo ilimitadamente, e flexibiliza-se o princípio de proteção ao empregado.[(29)]

Na quarta parte, será demonstrada a corrosão do princípio de proteção (princípio orientador do direito do trabalho clássico) e do poder de direção do

(28) Nessa visão evolutiva, esta tese segue os passos da professora BARLETTA, Fabiana. *A revisão contratual no código civil e no código de defesa do consumidor.* São Paulo: Saraiva, 2002.

(29) Seguindo o escólio de Arion Sayão Romita, utilizaremos a expressão "princípio de proteção" e não princípio da proteção. Conf. ROMITA, Arion Sayão. *O princípio da proteção em xeque e outros ensaios*, cit., p. 23. Aliás, Américo Plá Rodrigues adota tal denominação (princípio de proteção). Conf. PLÁ RODRIGUES, Américo. *Princípios do direito do trabalho*, cit., p. 28-29.

empregador (clássico instituto jurídico do direito laboral), esboçando-se, por conseguinte, um novo princípio orientador para o direito do trabalho e uma nova visão do mencionado instituto (poder de direção do empregador).

Considerado isso, a finalidade precípua deste trabalho é indicar elementos para demonstrar que a nova teoria geral do direito do trabalho, conquanto não necessite do princípio de proteção, se perfaz na concretização dos direitos fundamentais e na realização do ideal de justiça, pois assim o exige o Estado democrático de direito.

Por fim, serão esboçadas as conclusões. Nesta ocasião, serão fornecidos subsídios para correta aplicação — concretização e harmonização — dos direitos fundamentais no âmbito do direito do trabalho. Debater-se-á, também, a existência de um novo princípio mor para o direito do trabalho (princípio da concretização dos direitos fundamentais por meio de acordo e convenções coletivas) e a revisão do poder de direção do empregador.

## Delimitação do campo de estudo

A fim de delimitar o campo de pesquisa, não será tratada nesta tese questão relativa à ontologia dos direitos sociais, pois seguir esse rumo seria perder o fio da meada, fugindo, assim, do espaço e do objetivo deste trabalho.

Ademais, em razão do necessário corte epistemológico, não serão examinados todos os desdobramentos de uma nova teoria geral do direito do trabalho. Isso, aliás, seria impossível, porquanto fora de alcance. De tal arte, não será debatida a revisão do importantíssimo conceito de subordinação (elemento sempre tão necessário à existência de um contrato de trabalho) e a terceirização.

Estudar-se-á, basicamente, apenas o influxo dos direitos fundamentais no âmbito da teoria geral do direito do trabalho, enfrentando o tema da flexibilização. E isso já será suficiente para desnudar o desmoronamento do direito do trabalho clássico, bem como para se lançarem os alicerces de uma nova teoria geral do direito do trabalho (objetivos desta tese).

Por fim, ao estudar-se, tangencialmente, a teoria geral do Estado e os diversos modelos de Estados existentes (Estado liberal, social e democrático de direito), deve-se ter em mente a lição de *Paulo Bonavides*, quando este autor denota a polissemia existente acerca do conceito de Estado social(30). Polissemia existente e constatada no transcurso desta tese, em relação aos demais arquétipos estatais(31). Contudo, far-se-á sempre no intuito de compreender os modelos estatais que não abriram mão da fórmula democrática, ou seja, que não abriram mão da democracia.

---

(30) BONAVIDES, Paulo. *Do Estado liberal ao Estado social.* 7. ed. São Paulo: Malheiros, 2004. p. 183.

(31) Com efeito, são encontradas várias expressões equivalentes a Estado democrático de direito, das quais destaque-se, exemplificativamente: Estado constitucional democrático (Canotilho) e Estado social da democracia (Bonavides).

# Primeira Parte

## Direito do Trabalho: nascimento, vida e morte ou evolução – Correlações com a Teoria Geral do Estado

## Capítulo 1

# ORIGEM DO DIREITO DO TRABALHO: ESTADO LIBERAL E JURISPRUDÊNCIA DE CONCEITOS

### 1.1. Introdução

A correlação entre o ordenamento jurídico de um Estado e a ideologia política predominante em um determinado momento histórico é inquestionável. Assim, o direito amolda-se à teoria política, resultando, daí, um modelo de configuração jurídica de um Estado[(1)].

De tal forma, examinando a correlação entre o Estado e a teoria política predominante, pode-se desenhar uma teoria geral do Estado e a sua correspondente teoria geral do direito[(2)].

Desses dois fatores históricos, segundo defende esta tese (teoria geral do Estado e teoria geral do direito), pode-se derivar, ainda, a teoria de direitos fundamentais desenvolvida e eventualmente adotada em um determinado Estado[(3)].

Afinal, a ordem jurídica é fruto da ordem política e estão, assim, intimamente interligadas, ensina *Adhemar Ferreira Maciel*[(4)].

---

(1) Ernst Böckenförde correlaciona as variáveis definições de Estado de direito com as idéias de justiça que estejam por trás de cada uma das ideologias políticas. Conf. BÖCKENFÖRDE, Ernst Wolfgang. *Estudios sobre el Estado de derecho y la democracia.* Tradução: R. A. Serrano. Madri: Trotta, 2000. p. 32.

(2) Trabalhar-se-á, tangencialmente, neste capítulo, o conceito de Estado de direito, no entanto, deve-se ter em mente a lição de Ernest Böckenförde acerca da mutabilidade histórica do conceito em estudo (Estado de direito). De toda sorte, ao se utilizar o termo Estado liberal está-se a falar de um Estado de direito liberal; quando se utilizar da expressão Estado social também será no sentido de Estado de direito social; conquanto tenha-se ciência de que para alguns doutrinadores (Forsthoff, por exemplo), o Estado social e o Estado de direito sejam incompatíveis. Conf. BÖCKENFÖRDE. Ob. cit., p.18, 33, 35 e 36.

(3) O professor espanhol Antonio Enrique Pérez Luño, mesmo trabalhando noutra vertente, percebe a nuança aqui exposta — correlação entre a teoria dos direitos fundamentais e Estado de direito — ao afirmar: *"Es muy frecuente incluir entre los requisitos que implica el funcionamiento del Estado de Derecho el que se refiere a la defensa de los derechos fundamentales. Sin embargo, no siempre se recurda la correlativa parte que corresponde a la Teoría de los derechos humanos en la formación de Estado de Derecho."* Conf. PÉREZ LUÑO, Antonio Enrique. *Derechos humanos, Estado de derecho y Constitución.* 8 ed. Madri: Tecnos, 2003. p. 212.

(4) MACIEL, Adhemar Ferreira. Apontamentos sobre o judiciário americano. In: TEIXEIRA, Sálvio de Figueiredo (Coord.). *O judiciário e a Constituição.* São Paulo: Saraiva, 1994. p. 283.

Por essa visão, coligam-se, respectivamente, Estado liberal aos direitos fundamentais de primeira dimensão[5]; Estado social aos direitos fundamentais de segunda dimensão e, por fim, Estado democrático de direito aos direitos de terceira dimensão[6].

Associa-se, ainda, a cada um desses modelos de Estado uma teoria geral do direito correspondente, quais sejam, respectivamente, jurisprudência de conceitos, jurisprudência de interesses e jurisprudência de valores[7].

E é nesse mutável contexto de interações que irá surgir, desenvolver e se modular o direito do trabalho. Nesse passo, é pertinente transcrever a lição de *Mauricio Godinho Delgado*:

> O direito do trabalho — como qualquer ramo jurídico — constitui um complexo coerente de institutos, princípios e normas jurídicas, que resulta de um determinado contexto histórico específico.[8]

Fixadas tais balizas e compreendido o direito trabalhista como fruto de um momento histórico pontual, será estudado o nascimento desse ramo da ciência do direito e seu posterior desenvolvimento e transformações.

Neste esteio, e para se bem compreender o direito do trabalho, necessário se faz estudar o momento histórico-jurídico no qual as suas primeiras sementes foram lançadas. Necessário se faz estudar, portanto, o Estado liberal e a sua correspondente teoria geral do direito: a jurisprudência de conceitos.

---

(5) Perfilha-se da doutrina do professor Willis Santiago Guerra Filho, entre outros, e adota-se a expressão *dimensão*. Não se utilizará da expressão *geração*, pois, na esteira das lições do professor Willis, a expressão dimensão dá uma feição de complementariedade e não de oposição. Ademais, seguindo-se as lições de Alexy, tem-se que cada uma das etapas da evolução da ciência do direito, em verdade, complementam-se, daí a jurisprudência de conceitos prender-se à norma; a jurisprudência de interesses prender-se aos fatos (mas sem olvidar completamente a norma); e a jurisprudência de valores prender-se aos valores, mas sem olvidar as normas e os fatos. Ou seja, pode-se, neste caso, traçar a mesma linha evolutiva e de complementação. Conf. GUERRA FILHO, Willis Santiago. *Processo constitucional e direitos fundamentais*, cit., p. 39-40.

(6) Di-lo acerca do tema Canotilho: "O Estado de Direito pretendeu dar uma resposta ao uso ilegítimo de poder; o Estado social procurou resolver o problema de falta de dinheiro e, portanto, o problema da pobreza". Conf. CANOTILHO, J.J Gomes. *Estudos sobre direitos fundamentais*. Coimbra: Coimbra Editora, 2004. p. 125.

(7) Nesse contexto, reforça-se a ideologia comunitária a palmear os ideários da Constituição vigente. Aliás, como ensina Gisele Cittadino: "A promulgação da Constituição Cidadã, cujo sistema de direitos fundamentais, como vimos, informa todo o ordenamento jurídico, é certamente a expressão definitiva do movimento de retorno ao direito no País. Não se trata, como poderia parecer à primeira vista, de uma mera reconstrução do Estado de Direito após anos de autoritarismo militar. Mais que isso, o movimento de retorno do direito ao Brasil pretende reencantar o mundo. Seja pela adoção do relativismo ético na busca do fundamento da ordem jurídica, seja pela defesa intransigente da efetivação do sistema de direitos constitucionalmente assegurados e do papel ativo do Judiciário, é no âmbito do constitucionalismo brasileiro que se pretende resgatar a força do direito. E são os constitucionalistas 'comunitários' os encarregados deste resgate." CITTADINO, Gisele. *Pluralismo, direito e justiça distributiva*, cit., p. 13-14.

(8) DELGADO, Mauricio Godinho. *Curso de direito do trabalho*. 2. ed. São Paulo: LTr, 2003. p. 83.

## 1.2. Estado liberal e início da regulamentação do trabalho livre

Para compreensão do direito do trabalho — produto do século XIX — é necessário se compreender o momento histórico, político e jurídico imediatamente anterior(9), quais sejam, o Estado liberal e a jurisprudência de conceitos.

Afinal, neste momento histórico — Estado liberal —, foi fermentada a primeira condição necessária ao surgimento do direito do trabalho: a liberdade contratual(10). Sem trabalho livre — firmado em contrato — não há direito do trabalho(11). Este existe para regular o trabalho livre (relação contratual).

De fato, como é de curial sabença, o Estado liberal, colmatado no século XVIII e implementado no século XIX, surgiu para se contrapor ao modelo de Estado anterior, qual seja, o Estado absoluto.

Ora, no Estado absoluto não havia trabalho subordinado livre (contratual), aliás, pouca liberdade existia em todos os setores da existência humana. Não havia, também, segurança jurídica, pois a vontade do soberano sempre prevalecia sobre a lei e sobre os contratos. O rei absoluto centralizava os Poderes Executivo, Judiciário e Legislativo.(12)

Em suma, no Estado absoluto, a vontade do soberano era a lei suprema. Nesse passo, é pertinente transcrever o seguinte trecho de mensagem do Rei *Luis XIV*, aquele que proclamou a célebre frase "O Estado sou eu":

> É exclusivamente na minha pessoa que reside o poder soberano [...] é só a mim que os meus tribunais recebem a sua existência e a sua autoridade; a plenitude dessa autoridade, que eles não exercem senão em meu nome, permanece sempre em mim, e o seu uso não pode nunca ser voltado contra mim; é a mim unicamente que pertence o poder legislativo sem dependência e sem partilha.(13)

Pois bem. Nesse cenário, contrapondo-se ao Estado Absoluto, nasceu o Estado liberal. Neste prumo, o Estado liberal defendia e consagrava, com seus valores supremos, a segurança jurídica e a liberdade individual.

---

(9) Para Mario de la Cueva, o ato inicial do direito do trabalho seria a Lei de Peel, remontando, assim, ao ano de 1802, na Inglaterra. De fato, esta lei proibiu o trabalho noturno de crianças e limitou o diurno em doze horas diárias. Conf. OLIVEIRA, José César. Formação histórica do direito do trabalho. In: BARROS, Alice Monteiro de (Coord.). *Curso de direito do trabalho:* estudos em memória de Célio Goyatá. São Paulo: LTr, 1993. p. 70. Contudo, discorda-se do professor mexicano, pois não se pode confundir os momentos iniciais de formação de um ramo jurídico, como foi o advento da Lei de Peel, com o próprio ramo jurídico concretizado, ou seja, com a autonomia científica que lhe é própria e que só foi atingida bem posteriormente.

(10) Conf. NASCIMENTO, Amauri Mascaro. *Curso de direito do trabalho.* 7. ed. São Paulo: Saraiva, 1989. p. 19-21.

(11) Conf. FERNANDES, Antônio Lemos Monteiro. *Direito do trabalho.* 11. ed. Coimbra: Almedina, 1999. p. 12-14.

(12) Conf. VIVANCO, Ângela M. *Curso de derecho constitucional:* bases conceptuales y doutrinarias del derecho constitucional. Tomo 1. Santiago do Chile: Ediciones Universidad Católica de Chile, 2002. p. 127.

(13) FREITAS, Gustavo de. *900 textos e documentos de história.* v. III. Lisboa: Plátano, 1976. p. 22.

Por sua vez, esta liberdade individual foi concretizada e transmutada em liberdade contratual, pois, sendo o homem livre, livremente poderia pactuar. E o contrato era lei entre as partes(14).

Nessa esfera de liberdade individual, conforme se defendia então, o Estado não poderia se intrometer. Cunhava-se, dessa forma, um modelo de Estado não interventor.

Assim sendo, o Estado liberal começou por reconhecer seus limites perante o cidadão, configurando-se juridicamente, portanto, de forma oposta ao modelo do Estado absoluto (um Estado sem limites) até então reinante. Construiu-se, em conseqüência, uma barreira de proteção entre o Estado e o cidadão, visando à proteção deste último. Evidentemente, essa barreira de proteção do indivíduo em face do Estado é jurídica (consagrados foram os direitos fundamentais de liberdade)(15).

Nesse afã — construção de uma barreira jurídica de proteção entre o indivíduo (cidadão) e o Estado — encontrar-se-á, também, a adoção da teoria da separação dos poderes e do princípio da legalidade.

Tudo isso irá culminar na proteção da liberdade individual em todas as suas vertentes, mas irá se condensar (transmutar) em liberdade contratual (inclusive a liberdade inerente ao contrato de trabalho).

Por essa visão, todo ordenamento jurídico e o próprio Estado deveriam existir para proteger a irrenunciável liberdade humana (liberdade contratual). A intervenção do Estado na sociedade, portanto, deveria ser mínima (pois só seria aceita se fosse para garantir a liberdade humana livremente manifestada nos contratos), sobremodo no campo do trabalho humano.

Estar-se, assim, diante do modelo ideal do Estado liberal (burguês(16)) e, para construção desse ideal, necessário foi sacramentar vários institutos jurídicos (liberdade contratual, por exemplo) e, sobretudo, construir uma teoria de direitos

---

(14) Relembra-se a exata redação do artigo 1.134 do Code, pontificando que este dispositivo legal consubstancia o princípio-mor do Estado não interventor (Estado liberal). Eis a redação do mencionado artigo: "As convenções legalmente formadas impõem-se como lei àqueles que as celebram".

(15) Pode-se, aqui, ponderar o seguinte: o modelo de Estado absoluto é um modelo de não-direito. Ora, o Estado absoluto não é um Estado de direito, mas há, nele, direito. Nesse prumo, segue-se a lição do professor Elías Díaz, quando este aduz acerca dos regimes ditatoriais: *"Eso también es Derecho (ilegítimo, injusto), también es Estado (dictatorial, totalitario) pero no es Estado de Derecho)"*.Conf. DÍAZ, Elias. Estado de derecho y derechos humanos. In: BETEGÓN, Jerônimo *et al.* (Coord.). *Constitución y derechos fundamentales*, cit., p. 27.

(16) Como ensina a pena de Carl Schmitt, as noções de Estado de direito burguês e Estado constitucional são equivalentes. Nas palavras de Schmitt: *"La constitution moderne d´Etat de droit bourgeois correspond dans ses principes à l´idéal constitucionnel de l´individualisme bourgeois, et ce à tel point que souvent on identifie tout simplement ces principes à la constitution et que les notions d´Etat constitutionnel et d´Etat de droit bourgeois deviennent équivalentes."* SCHMITT, Carl. *Théorie de la Constitution.* Tradução: Lylyane Deroche. Paris: Presses Universitaires de France, 1993. p. 263. Vertendo livremente para o vernáculo: "A Constituição moderna do Estado de direito burguês corresponde em seus princípios ao ideal constitucional do individualismo burguês a tal ponto que freqüentemente podemos relacionar diretamente esses princípios à Constituição e assim as noções de Estado de direito e Estado de direito burguês se tornam equivalentes."

fundamentais correspondente (direitos fundamentais clássicos agora denominados de direitos fundamentais de primeira dimensão).

Por conseqüência, a teoria de direitos fundamentais então desenvolvida prendeu-se à concepção de que o homem possui direitos inatos e irrenunciáveis (direitos de liberdade), cabendo ao Estado reconhecer, proteger e declarar esses direitos.

Por essa visão primeira dos direitos fundamentais, esses direitos seriam o direito à vida e o direito à liberdade. Liberdade necessária ao desenvolvimento do capitalismo e da burguesia então no poder, decorrendo, daí, a sua feição de direitos fundamentais(17).

Entre tais liberdades, destaque-se a liberdade de trabalho, pois este é o primeiro e principal fator necessário à existência do direito do trabalho(18).

Nesse pensar, o homem, por meio de um contrato, poderia vender ou arrendar, livremente, a sua força de trabalho. Sim, nos primórdios do direito do trabalho, a força de trabalho poderia ser vendida ou arrendada em favor de outrem. Tais posições são hoje incompatíveis com o direito do trabalho, pois ofendem a dignidade humana, conforme anotam *Sérgio Pinto Martins* e *Arnaldo Süssekind*.(19)

Neste contrato de compra e venda ou arrendamento, como em qualquer um outro, o Estado não poderia intervir, pois se houvesse intervenção estatal, a liberdade (consubstanciada no mito da autonomia da vontade) estaria ameaçada(20). A única intervenção admitida, a princípio, era a de garantir a realização (cumprimento) do contrato(21).

---

(17) Conf. PÉREZ LUÑO, Antonio Enrique. *Derechos humanos, Estado de derecho y Constitución*, cit., p. 222.

(18) Efrén Borrajo Dacruz, prelecionando acerca da importância deste momento histórico para o direito do trabalho, aduz: "El trabajador es, pues, como hombre libre, proprietario de su trabajo. Puede utilizarlo como um bien de cambio. El salario será entonces el precio del trabajo [...]." BORRAJO DACRUZ, Efrén. *Introducción al derecho del trabajo*. 9. ed. Madri: Tecnos, 1996. p. 71.

(19) Conf. MARTINS, Sérgio Pinto. *Direito do trabalho*. 19. ed. São Paulo: Atlas, 2004. p. 114 e SÜSSEKIND, Arnaldo. *Direito internacional do trabalho*. 2 ed. São Paulo: LTr, 1987. p. 102.

(20) Em verdade, a partir deste momento histórico começou a se abrir o flanco que transformaria a autonomia da vontade em autonomia privada, pois esta orienta-se pelos valores constitucionais e tem a pessoa humana no centro do ordenamento jurídico e das relações jurídicas, ensina Giovanni Ettore Nanni. Conf. NANNI, Giovanni Etorre. A evolução do direito civil obrigacional: a concepção do direito civil constitucional e a transição da autonomia da vontade para autonomia privada. In: LOTUFO, Renan (Coord.). *Cadernos de direito civil constitucional, caderno 2*. Curitiba: Juruá, 2001. p. 157.

(21) Concorda-se, porém, com os que defendem que, em verdade, o Estado liberal era "interventor", pois intervinha, comumente, em favor da burguesia. Exemplo de tal "intervenção" no nosso campo de estudo é a proibição da greve. Aliás, consoante demonstrado a seguir, sequer o direito do trabalho clássico, aquele norteado pelo princípio de proteção, é, de fato, protetor, pois como bem percebem Dominique Pignon e Jean Querzola, "o assalariado que se recusar a executar uma ordem dada pelo empregador torna-se culpado de falta grave, o que justifica sua demissão sem pré-aviso nem indenização. O depotismo toma ares de democracia. Quem acredita nisso? O que muda são as formas de submissão do trabalho ao capital." PIGNON, Dominique et QUERZOLA, Jean. Ditatura e democracia na produção. In: GORZ, André (Org.). *Crítica da divisão de trabalho*. Tradução: Estela dos Santos Abreu. São Paulo: Martins Fontes, 2001. p. 93-94.

As seguintes palavras de *Canotilho*, prelecionando acerca do Estado liberal, resumem o exposto:

> [...] O Estado liberal configura-se como um 'Estado de limites' ao qual não se atribui qualquer fim de promoção da 'felicidade dos cidadãos'[...]. Atribuir-se algum fim ao Estado, esse só poderia ser o de garantia da segurança e das liberdades individuais. O esvaziamento dos fins do Estado, considerados como indissociavelmente ligados ao Estado do despotismo ou à 'virtu' robespierriana, implicaria, como *corolário lógico, a acentuação do livre desenvolvimento do sujeito e da independência privada. Nesta perspectiva, os direitos naturais racionalmente convertidos em direitos fundamentais do homem equivalem a direitos dos particulares.*(22) (grifo nosso).

Há, porém, outro fator importante a ser examinado na concepção e na existência do Estado liberal. Não bastou a positivação da teoria da separação dos poderes na Constituição e a existência de um Código Civil sacramentador da liberdade individual (contratual),(23) preciso, também, foi uma revolução na teoria geral do direito, qual seja, a jurisprudência de conceitos.

De fato, com a adoção da jurisprudência de conceitos, o cenário estava montado, pois havia, de um lado, um ordenamento jurídico garantindo a liberdade individual, a propriedade, e, do outro, uma doutrina jurídica a ensinar e a proclamar a aplicação do direito por padrões de lógica formal, em que o justo era o afirmado no contrato.(24)

Nesse contexto, a realidade social, a justiça da decisão era um somenos, pois consoante prelecionava a jurisprudência de conceitos, o juiz era apenas a "boca da lei, a lei falante".(25) Portanto, o operador do direito deveria se limitar ao exame da norma jurídica, declarando-a, pouco importanto os fatos sociais ou a justiça da decisão, isso, em suma, proclamava a jurisprudência de conceitos (o direito limitava-se ao exame da norma jurídica). Mas nada é eterno.

---

(22) CANOTILHO, J.J Gomes. *Estudos sobre direitos fundamentais*. Coimbra: Coimbra Editora, 2004. p. 24-25.

(23) Acerca do tema, é interessante destacar a lição do professor Martinho Garcez Neto: "O inquebrantável prestígio do contrato — afirma Sergio Armando Frazão — foi o coroamento de todo o sistema individualista. *'La convention est la base de toute l' autorité entre les hommes'* — disse Rousseau. O homem livre e igual é livre de se ligar; e a obrigação assumida, por sê-lo livremente, será também necessariamente cumprida. A liberdade e a igualdade que presidem as relações entre os homens fazem do contrato um princípio de justiça". Conf. GARCEZ NETO, Martinho. *Temas atuais de direito civil*. Rio de Janeiro: Renovar, 2000. p. 44.

(24) Conf. BARLETTA, Fabiana. *A revisão contratual no código civil e no código de defesa do consumidor*, cit., p. 28-29.

(25) Como precursor da jurisprudência de conceitos pode-se apontar Montesquieu. Pertinente transcrever as lições de Norberto Bobbio sobre o tema: "Assim, segundo Montesquieu, a decisão do juiz deve ser uma reprodução fiel da lei: ao juiz não deve ser deixada qualquer liberdade de exercer sua fantasia legislativa...". BOBBIO, Norberto. *O positivismo jurídico:* lições de filosofia do direito. Tradução: Márcio Pugliesi. São Paulo: Ícone, 1995. p. 40.

## 1.3. Fatos históricos indutores do surgimento do Estado social e do direito do trabalho

Recorre-se às lições da história do direito para finalizar este capítulo. Na visão do professor *John Gilissen*: "as fórmulas *laissez faire, laissez passer* e a lei da oferta e procura repousam essencialmente sobre a liberdade contratual".[26]

Acerca dessa lição, aduz o professor belga adiante:

> É a idade de ouro da liberdade absoluta das convenções entre vendedores e compradores, entre patrões e operários, entre senhorios e inquilinos, etc., com a conseqüência da obrigação de as executar, mesmo se elas se revelassem injustas ou socialmente graves ou perigosas. *Pois, então, estava-se convencido de que todo o compromisso livremente querido é justo.*[27] (grifo nosso).

Por fim, como já explanado neste tópico, as condições desenvolvidas e alcançadas pelo Estado liberal deram origem a seu próprio fim, pois como afirma *John Gilissen*:

> Os abusos da liberdade contratual são denunciados e evidenciados por pensadores socialistas, como *Comte, Saint-Simon* e *Karl Marx*, que se insurgem contra a ausência total de proteção dos fracos; o proletariado operário encontra-se na situação de dever aceitar um contrato imposto, de facto, pelo patrão. Este proletariado apenas encontrou protecção na formação de grupos de pressão: os sindicatos[28].

Concluindo a lição, sentencia o renomado professor:

> Conflitos sociais surgiram um pouco por todo lado: 1848 (França, Alemanha, Áustria e Itália), 1862-1864 (primeira internacional), 1871 (comuna), 1886 (Bélgica), etc. *"Estas datas constituem outros tantos marcos da luta contra a teoria da autonomia da vontade."*[29] (grifo nosso).

Daí se ver o início da ruína do modelo de Estado liberal e o paulatino aparecimento do Estado social. E por que não dizer, do aparecimento do direito do trabalho. Acerca do surgimento do direito do trabalho, é pertinente transcrever o escólio de *Orlando Gomes* e *Elson Gottschalk*:

> "A concentração do proletariado nos grandes centros industriais nascentes; a exploração de um capitalismo sem peias; a triunfante filosofia individualista da Revolução Francesa; os falsos postulados da liberdade de comércio, a indústria e trabalho, refletidos no campo jurídico na falaz liberdade de contratar; o largo emprego das chamadas 'meias forças', isto é, o trabalho da mulher e

(26) GILISSEN, John. *Introdução histórica ao direito*. 3. ed. Tradução: A. M. Hespanha e L. M. Malheiros. Lisboa: Fundação Calouste Gulbenkian, 2001. p. 738.

(27) *Ibidem*, p. 738-739.

(28) *Ibidem*, p. 739.

(29) *Idem*.

do menor [...] a idéia vigorante de não-intervencionismo estatal, por mais precárias que fossem as condições econômicas e sociais, *tudo isso, gerando miséria sem precedentes para as classes proletárias, resultou no aparecimento, na história do movimento operário, de um fenômeno relevantíssimo: a formação de um consciência de classe*".[30] (grifo do autor).

Contudo, esse novo modelo de Estado iria exigir uma nova teoria geral do Estado e, por conseguinte, uma nova teoria dos direitos fundamentais, na qual os direitos de primeira dimensão (liberdade) poderiam ser relativizados.

Estava calçado o caminho para o aparecimento e o desenvolvimento do direito do trabalho.

(30) GOMES, Orlando; GOTTSCHALK, Elson. *Curso de direito do trabalho*. Rio de Janeiro: Forense, 1991. p. 1-2.

## Capítulo 2

# ESTADO SOCIAL E DIREITO DO TRABALHO

### 2.1. Introdução

Consoante exposto no capítulo anterior, em meados do século XIX surgiu a semente do Estado social[(1)]. Esse modelo de Estado propôs-se a suceder e a se contrapor ao Estado liberal. E assim o fez. Nesse esteio, ao contrário do Estado liberal (não interventor), apareceu o Estado interventor, participativo.

Destarte, com esse novel modelo de Estado — o Estado social — surgiu também uma nova teoria geral correspondente, ou seja, uma teoria defensora (justificadora) do Estado interventor (jurisprudência de interesses). Com efeito, nessa nova visão, a finalidade do Estado era a de assegurar paz social, que apenas seria alcançada se as condições sociais fossem minimamente aceitáveis.[(2)]

Pertinente, nesse passo, a transcrição da lição do professor *Elias Díaz* acerca do Estado social consolidado após o término da Primeira Guerra Mundial:

> *El Estado va a hacerse así decididamente intervencionista com objeto de poder atender y llevar a la práctica esas perentorias demandas sociales de mayor participación y mayores cotas y zonas de igualdad real: sufrágio universal (incluido ya el sufrágio feminino), por un lado, amplio pacto social con compromiso por el Estado para políticas de bienestar (sanidad, educación, seguridad social, etc), por outro serán los principales componentes de esse indudable fortalecimiento de la legitimación y de la doble participación democrática.*[(3)]

Decerto, tanto a doutrina social da igreja católica (Encíclica *Rerum Novarum*) quanto o movimento comunista (Manifesto Comunista, por exemplo) influenciaram

---

(1) Assim, na Constituição francesa de 1848, já se encontram uma série de direitos sociais. Conf. CHIMENTI, Ricardo *et al. Curso de direito constitucional.* São Paulo: Saraiva, 2004. p. 109.

(2) Daí se dizer, com inegável sarcasmo e precisão, que o direito do trabalho, fruto direto do Estado social, tem muitas mães, mas nem todas honestas. Conf. CATALDO, José Luis. *El nuevo derecho del trabajo*, cit., p. 19.

(3) DÍAZ, Elias. Estado de derecho y derechos humanos. In: BETEGÓN, Jerônimo *et al.* (Coord.). *Constitución y derechos fundamentales*, cit., p. 30.

a formação desse novo modelo de Estado intervencionista e, por conseqüência, o surgimento e a consolidação do direito do trabalho.(4)

Assim, o Estado social, germinado no último quartel do século XIX e consolidado no primeiro quartel do século XX, caracteriza-se pela forte intervenção do Estado na sociedade e na economia.

Ora, dentro da ordem de idéias então em vigor, esta acentuada intervenção do Estado devia ocorrer em prol da parte mais frágil da relação contratual (pois assim propalava a jurisprudência de interesses), indo, dessa forma, atingir em cheio um dos pilares básicos do Estado liberal, qual seja, a autonomia da vontade. Desse modo, estava composto o cenário para o surgimento e a consolidação do direito do trabalho, pois o que informa esse ramo do direito, pelo menos em seu perfil tradicional "é justamente a intenção desabusadamente tutelar de suas normas que rompiam com o equilíbrio clássico, colocando-se confessada e expressamente ao lado de uma classe".(5)

De tal arte, por exemplo, em um Estado social, o empregado e o empregador não são mais livres para ajustar o número de horas a serem laboradas em um dia. Não. Há um limite à liberdade individual: o direito do trabalho, a lei. Há, a partir da consagração do Estado social, uma nova liberdade, é a liberdade na lei.(6)

Dessa forma, já não bastava o acordo livre de vontades para autorizar, por exemplo, o labor em sobrejornada, pois o Estado social (interventor) criava uma legislação limitadora do número de horas que poderiam ser trabalhadas num dia.

Assim sendo, a autonomia individual, sacramentada na liberdade contratual, é mitigada. Eis a nova realidade do direito a partir do Estado social.(7)

Evidentemente, em alguns Estados, a implementação do Estado social implicou no fim do Estado liberal. Exemplo maior desse fato foi o regime comunista na União Soviética, no qual os direitos fundamentais de defesa em face do Estado foram relegados a um terceiro plano.(8)

Mas nem todos os Estados seguiram esse modelo.

---

(4) Conclusão esposada pelo professor Evaristo de Moraes Filho. Conf. MORAES FILHO, Evaristo de. *Introdução ao direito do trabalho*, cit., p. 346-349.

(5) *Ibidem*, p. 320.

(6) *Ibidem*, p. 327.

(7) No mundo jurídico norte-americano, a idéia do Estado social só iria se consolidar nos idos de 1930. Até então, a Suprema Corte daquele país rejeitava qualquer intromissão na liberdade individual (contratual). Por esse motivo, no caso Lochner v. New York, declarou-se inconstitucional uma lei limitadora da jornada de trabalho dos padeiros. Conf. SULLIVAN, Kathleen M. *Constitutional law.* 14. ed. New York: Foundation Press, 2001. p. 452-458.

(8) Rememore-se a lição de Paulo Bonavides, ao asseverar: "A Alemanha nazista, a Itália fascista, a Espanha franquista, o Portugal salazarista foram Estados sociais. Da mesma forma, Estado social foi a Inglaterra de Churchill e Attlee; os Estados Unidos, em parte, desde Roosevelt; a França, com a Quarta República, principalmente; e o Brasil, desde a revolução de 1930 [...]. *Ora, evidencia tudo isso que o Estado social compadece com regimes políticos antagônicos, como sejam a democracia, o fascismo e o nacional socialismo. E até mesmo, sob certo aspecto, fora da ordem capitalista, com o bolchevismo*!" (grifo nosso). BONAVIDES, Paulo. *Do Estado liberal ao Estado social.* 7. ed. São Paulo: Malheiros, 2004. p. 184.

## 2.2. Estado social e direitos fundamentais de segunda dimensão

Consoante ensina a História, vários Estados tentaram harmonizar dogmas da liberdade individual (direitos fundamentais de primeira dimensão) com a intervenção do Estado na economia e na autonomia da vontade, buscando, assim, a proteção e a compatibilização dos direitos de liberdade e dos direitos sociais (direitos de primeira e de segunda dimensão).

Contudo, na lição de *Carvalho Neto*, o Estado social ora em estudo não é um mero "ajuntamento" de direitos de primeira dimensão aos de segunda dimensão, mas representa, sim, uma "mudança de paradigma que redefine o conceito de liberdade e igualdade".(9)

Nesse caminho, argumenta-se que a proteção à liberdade individual não é suficiente (direitos de defesa), se a sobrevivência condigna também não for assegurada.(10) Esses dois direitos devem ser compatibilizados e realizados pelo Estado. E é visando a assegurar a liberdade individual, e ao mesmo tempo garantindo condições mínimas de sobrevivência, que irá surgir um novo modelo de Estado (o Estado social).

Com o Estado social, surgirá também uma nova teoria geral do direito e, com esta, irá surgir, concomitantemente, uma nova teoria dos direitos fundamentais.(11)

Defender-se-á, nesta senda, que os direitos sociais também são direitos fundamentais, pois, apenas por essa concepção (fundamentalidade dos direitos sociais), pode-se conceber a limitação doutros direitos fundamentais (direitos de liberdade). Neste constitucionalismo, denominado social, busca-se (*vide*, como exemplo, a Constituição de Weimar) compatibilizar "princípios liberais e princípios socialistas".(12)

Em suma, nesse novo tipo de Estado, buscou-se uma conciliação entre o capitalismo e o socialismo. Nas palavras de *Elias Díaz*:

> *La lógica de tal actitud implica entender, desde luego, que "capitalismo" y "socialismo" no son esencias cerradas y absolutas, totalmente aisladas e incomunicadas entre si,*

---

(9) CARVALHO NETTO, Menelick de. Requisitos pragmáticos da interpretação jurídica sob o paradigma do Estado democrático de direito. *Revista de direito comparado*, Belo Horizonte: Mandamentos, v. 3, p. 36, 2000.

(10) Não será examinada nesta tese a metamorfose dos direitos sociais em mínimo existencial, teoria tão bem trabalhada, no Brasil, pelo professor Ricardo Lobo Torres. Mas, considerando essa visão, o mínimo existencial também protege os direitos sociais (pressupostos materiais), pois, por exemplo, a liberdade de expressão só pode ser pensada se as pessoas souberem ler e escrever. Conf. TORRES, Ricardo Lobo. A metamorfose dos direitos sociais em mínimo existencial. In: SARLET, Wolfgang Ingo (Coord.). *Direitos sociais:* estudos de direito constitucional internacional e comparado, cit., p. 5.

(11) Haverá um compromisso entre defesa de liberdades tradicionais e exigências de justiça social. Conf. PÉREZ LUÑO, Antonio Enrique. *Derechos humanos, Estado de derecho y Constitución*, cit., p. 226.

(12) CUNHA, Carlos Roberto. *Flexibilização de direitos trabalhistas à luz da Constituição federal.* Porto Alegre: Sérgio Antônio Fabris, 2004. p. 35.

*el mal o el bien radicalmente incuestionables (o viceversa), sino que deben verse como momentos, partes o sectores de un sienpre abierto e inacabable proceso histórico.*[(13)]

De tal arte, passa-se a ter um Estado social de direito. Tal modelo de Estado se consolidou sobremodo após o término da Primeira Guerra Mundial e perdurou até meados dos anos 70 do século passado. Aliás, emblematicamente, o período relativo aos três decênios posteriores ao término da Segunda Guerra Mundial — período de apogeu do direito do trabalho, conforme será demonstrado adiante — foi denominado de era de ouro do capitalismo pelo historiador marxista *Eric J. Hobsbawm*[(14)].

Noutras palavras, o período de apogeu do Estado de bem-estar (e do direito do trabalho clássico) corresponde à época de ouro do capitalismo.[(15)] Mas, a toda evidência, esse novo modelo de Estado (o Estado social), cujo apogeu ocorreu após a Segunda Guerra Mundial, irá acarretar uma forte guinada na teoria geral do direito. Assim, nesse momento histórico, a jurisprudência de interesses alcançaria seu auge e consolidação, restando superada antiga jurisprudência de conceitos, umbilicalmente ligada ao modelo de Estado anterior (Estado liberal).[(16)]

## 2.3. Estado social e jurisprudência de interesses

Como visto, o surgimento de um novo paradigma de Estado (Estado social) irá implicar, paralelamente, no aparecimento de uma nova teoria geral do direito. E assim foi.

De fato, em movimento iniciado ainda no século XIX, a jurisprudência de conceitos começou a ser questionada e, paulatinamente, superada pela jurisprudência de interesses. Afinal, se o Estado não é mais alheio à realidade social, o direito deverá seguir a mesma senda. Assim sendo, o direito não irá mais ficar alheio à realidade social. A jurisprudência de interesses irá suplantar a jurisprudência de conceitos.

Destarte, a jurisprudência de interesses é "filha" desse novo modelo de Estado, no qual o juiz (Estado) não assiste pacificamente aos fatos sociais, protegendo, por meio do direito, a parte mais fraca das relações contratuais. É o surgimento e a consolidação de uma legislação protecionista (viés do direito do trabalho clássico).

---

(13) DÍAZ, Elias. Estado de derecho y derechos humanos. In: BETEGÓN, Jerônimo *et al.* (Coord.). *Constitución y derechos fundamentales.* Madri: Centro de Estudios Políticos y Constitucionales, 2004. p. 31.

(14) HOBSBAWM, Eric. *Era dos extremos.* Tradução: Marcos Santarrita. 2. ed. São Paulo: Companhia das Letras, 1995. p. 18 e 395.

(15) Acerca desse período de expansão do direito do trabalho, tem-se o escólio do professor Romita. Conf. ROMITA, Arion Sayão. A crise do critério da subordinação jurídica — necessidade de proteção a trabalhadores autônomos e parassubordinados. In: *Revista LTr,* São Paulo, p. 68-11, 1287-1298.

(16) Conforme será prelacionado nesta tese, a jurisprudência de interesses coliga-se, fortemente, à jurisprudência de valores.

Pertinente transcrever a lição de *Ribeiro*, assim vazada:

Assim, a jurisprudência de interesses deslocou o centro da problemática jurídica da norma, como anteriormente queria a jurisprudência dos conceitos, para o fato, fosse ele histórico, social ou econômico.

Seu pano de fundo foi o Estado social, que se propunha a garantir ao cidadão as prestações indispensáveis à manutenção de suas necessidades de saúde, educação, previdência e assistência social, o que nos países desenvolvidos culminou no chamado *Welfare State*, a partir da ascensão de governos de inspiração social-democrata e em resposta ao fortalecimento das idéias socialistas e ao surgimento da URSS.(17)

De tal modo, para restaurar o equilíbrio entre as mais diversas partes das relações sociais, o Estado criou uma legislação protecionista (legislação trabalhista, previdenciária etc). Portanto, seguindo a cartilha da jurisprudência de interesses, para o aplicador do direito, uma nova realidade deveria passar a ser considerada além da letra fria da lei: a realidade fática. O direito como norma e fato.(18)

Nesse pisar, estava calçado o caminho para a terceira etapa dos direitos fundamentais e da teoria geral do direito, pois, quando o Estado intervém em prol da parte mais fraca da relação contratual, assim o faz em nome da justiça, fator dominante da jurisprudência de valores e do novel modelo de Estado construído após 1945.(19)

Todavia, apenas com o término da Segunda Guerra Mundial e com a descoberta dos horrores cometidos, é que o quadro estava montado para construção (início) de um novo modelo de Estado e de uma nova teoria geral do direito.(20)

---

(17) RIBEIRO, Ricardo Lodi. A interpretação da lei tributária na era da jurisprudência de valores. In: TORRES, Ricardo Lobo (Coord.). *Temas de interpretação do direito tributário.* Rio de Janeiro: Renovar, 2003. p. 339.

(18) Normas protecionistas, acrescente-se.

(19) Tenha-se em mente a lição de Franz Wieacker, ao perceber a forte correlação entre a jurisprudência de valores e a jurisprudência de interesses, notadamente no direito civil. Conf. WIEACKER, Franz. *História do direito privado moderno.* Tradução: A. M. Botelho Hespanha. 2. ed. Lisboa: Fundação Calouste Gulbenkian, 1993. p. 665.

(20) Nesse sentido, a lição de Willis Santiago Guerra Filho, ao prelecionar acerca do surgimento do Estado democrático de direito: "Historicamente, poder-se-ia localizar seu surgimento nas sociedades européias recém-saídas da catástrofe da Segunda Guerra, que representou a falência tanto do modelo liberal de Estado de Direito, como também das fórmulas políticas autoritárias que se apresentaram como alternativa. Se, em um primeiro momento, observou-se um prestígio de um modelo social e, mesmo, socialista de Estado, a fórmula do Estado Democrático firma-se com base em uma revalorização dos clássicos direitos individuais de liberdade, que se entende não poderem jamais ser demasiadamente sacrificados, em nome da realização de direitos sociais". GUERRA FILHO, Willis Santiago. *A filosofia do direito aplicada ao direito processual e à teoria da Constituição.* São Paulo: Atlas, 2001. p. 102.

# Capítulo 3

# ESTADO DEMOCRÁTICO DE DIREITO E JURISPRUDÊNCIA DE VALORES: NOVOS PARADIGMAS PARA O DIREITO DO TRABALHO

## 3.1. Contextualização do tema: do surgimento e do conceito de Estado democrático de direito

Para o surgimento do modelo de Estado ora em estudo — Estado democrático de direito — dois fatores contribuíram sobremaneira: o primeiro fator é econômico. Trata-se da falência do Estado fiscal, agravada com a crise do petróleo ocorrida nos anos de 1970. O segundo fator a contribuir para a bancarrota — evolução — do Estado social é um fato histórico, qual seja, o término da Segunda Guerra Mundial e o conseqüente renascimento do direito natural.

Entretanto, antes de analisar os fatores acima elencados, é necessário realizar um registro preliminar muito importante, qual seja, o conceito e a caracterização do Estado democrático de direito — modelo sucessor do Estado social — ainda se encontram em constante elaboração doutrinária e jurisprudencial.(1)

Noutras palavras, de tão recente e atual, ainda não se tem uma clara visualização e compreensão desse novel modelo estatal, porquanto falte distanciamento e amadurecimento histórico necessários.(2)

Em verdade, a transformação está a ocorrer. Ou seja, paulatinamente, o modelo de Estado social foi — está — sendo corroído e substituído pelo Estado

(1) O professor Romita percebe tal nuança ao asseverar: "Faz algum tempo que o mundo assistiu à passagem do Estado liberal para o Estado social [...]. Agora, as inovações científicas, tecnológicas e econômicas determinam mudanças fundamentais na ordem jurídica, mudanças tão importantes quanto as que presidiram à transformação do Estado mínimo no Estado de bem-estar social." ROMITA, Arion Sayão. *Globalização da economia e direito do trabalho.* São Paulo: LTr, 1997. p. 38.

(2) Semelhante lição passa o historiador Eric Hobsbawm ao falar do século XX. HOBSBAWM, Eric. *Era dos extremos*, cit., p. 7.

democrático de direito.[3] Mas a forma desse novo modelo estatal ainda não se encontra plenamente definida.[4]

Ademais, outro fator contribui para a imprecisão terminológica do termo Estado democrático de direito, pois este é, ontologicamente falando, um conceito jurídico indeterminado e, nessa qualidade, carece de um preenchimento semântico que lhe dê conteúdo. A lição da professora *Germana Moraes* é precisa sobre o tema:

> Com efeito, identificam-se nas normas jurídicas conceitos que demandam durante sua aplicação, um processo de preenchimento semântico, isto é, de 'densificação' feito através de uma valoração e, a par destas, aquelas que prescindem deste processo decisório mais complexo de complementação do significado em cada caso concreto. Na primeira hipótese, há conceitos jurídicos indeterminados, e na outra, conceitos determinados.[5]

De tal arte, conquanto de importantíssimas e inquestionáveis conseqüências no mundo jurídico, o fato de ser a República Federativa do Brasil um Estado democrático de direito carece de maior elaboração e estudo (construção).[6]

Todavia, apesar dessa mutabilidade conceitual merecer estudo e aprofundamentos, aliás, como pretende fazer esta tese,[7] algumas linhas mestras do Estado democrático de direito já podem ser traçadas (entre elas pode-se pontuar a possibilidade de uma maior participação da sociedade no Estado, viés democrático, e o compromisso deste modelo estatal com a concretização dos direitos fundamentais).

Mas, para melhor se compreender as linhas mestras do Estado democrático de direito, necessário se faz estudar os dois principais fatores que causaram a propalada falência do Estado social.

---

(3) De fato, em se examinando a Carta alemã vigente, constata-se que a República alemã é — em interpretação literal — um Estado social e democrático. De igual sorte, o mesmo ocorrerá ao se analisar a Constituição espanhola de 1978. Todavia, a jurisprudência constitucional desses dois países interpreta — diz — que, em verdade, ambos são Estados democráticos de direito. Nesse sentido, Paulo Bonavides qualifica o atual estágio da evolução estatal em "Estado social com hegemonia da Sociedade e máxima abstenção possível do Estado", ou seja, o que chamaria de Estado democrático de direito. Pertinente transcrever as lições do professor paraibano: "Estado liberal, Estado socialista, Estado social com primazia dos meios intervencionistas do Estado e, finalmente, Estado social com hegemonia da Sociedade e a máxima abstenção possível do Estado — eis o largo painel ou trajetória e institucionalização do poder em sucessivos quadros e modelos de vivência histórica comprovada ou em curso, segundo escala indubitavelmente qualitativa no que toca ao exercício real da liberdade". BONAVIDES, Paulo. *Teoria constitucional da democracia participativa:* por um direito constitucional de luta e resistência por uma nova hermenêutica por uma repolitização da legitimidade. São Paulo: Malheiros, 2003. p. 152.

(4) Exatamente por isso deve existir um ativismo judicial concretizando e caracterizando o modelo de Estado ora em exame na forma de um Estado comprometido com a realização dos direitos fundamentais.

(5) Conf. MORAES, Germana de Oliveira. *Controle jurisdicional da administração pública.* São Paulo: Dialética, 1999. p. 15-59.

(6) Nesse sentido, relembre-se de que a fórmula política esposada (Estado democrático de direito) é o principal vetor de orientação para correta interpretação de uma Constituição, e, por meio dela, de todo ordenamento jurídico, ensina Willis Santiago Guerra Filho. Conf. GUERRA FILHO, Willis Santiago. *Processo constitucional e direitos fundamentais*, cit., p. 24.

(7) No capítulo seguinte, serão examinadas as conseqüências do fato de a República Federativa do Brasil ser um Estado democrático de direito no direito do trabalho.

## 3.2. Exame dos fatores corrosivos do Estado social e conformadores do Estado democrático de direito

Analisem-se, agora, dois fatores corrosivos do Estado social e, portanto, modeladores do Estado democrático de direito: o econômico e o histórico.[(8)] Será examinado, primeiramente, o fator econômico.

O fator econômico que desgastou o Estado social foi a propalada falência financeira deste modelo estatal. Como é sabido, os economistas propagaram (constataram) a incompetência — incapacidade — estatal em responder satisfatoriamente às demandas da complexa sociedade contemporânea. O Estado social seria — é — caro e inoperante para realizar os fins a que se propôs.

Com efeito, constatou-se um dado relevante: manter e cumprir os objetivos do Estado social (pleno emprego, proteção integral ao empregado, seguridade social etc.) acarretam um enorme custo econômico ao contribuinte e à sociedade.

Em suma, apenas um Estado fiscal, e desde que presente num ambiente de grande desenvolvimento econômico (como os três decênios posteriores ao término da Segunda Guerra Mundial, período de ouro do capitalismo e do direito do trabalho), poderia custear o cumprimento dos sonhados objetivos do Estado social (pleno emprego, completa assistência social etc.).[(9)]

Mas para cumprir tais objetivos em momentos de recessão econômica, que irão sempre ocorrer no modo de produção capitalista, ensina *Arion Sayão Romita*[(10)], o Estado social seria — é — inviável.[(11)]

Assim, seguindo a cartilha exposta neste tópico, o Estado social prosperou durante o período de crescimento econômico ocorrido após o término da Segunda

(8) Há de se ressaltar que esses dois fatores de fundamental importância para a derrocada do modelo de Estado social (o econômico e o histórico) foram também, dialeticamente, importantíssimos para a modulação do Estado democrático de direito.

(9) Tal fato, talvez, explique o motivo pelo qual a época de ouro do capitalismo corresponda ao período de expansão do direito do trabalho.

(10) Conf. ROMITA, Arion Sayão. *Globalização da economia e direito do trabalho*, cit., p. 9-10.

(11) André Gorz percebe a questão por outro ângulo deveras interessante. Nas palavras deste pensador: "o Estado Providência — que Jacques Julliard, de modo mais apropriado chamou de Social-Estatismo — deve, portanto, ser entendido como um substituto da sociedade. Na falta de uma sociedade capaz de se auto-regular, foi ele quem regulou, durante vinte e cinco anos de compromisso fordista, a expansão econômica e o funcionamento do mercado, institucionalizou a negociação coletiva do compromisso entre as classes (rebatizadas 'parceiros sociais'), tornou socialmente tolerável e materialmente viável o desenvolvimento da racionalidade econômica graças às regras e aos próprios limites que ele mesmo se dispunha". Adiante conclui André Gorz: "O compromisso fordista constituía, portanto, um arranjo fundamentalmente instável. O Estado dotara-se de instrumento de intervenção e de regulação que, conforme aos interesses do capitalismo de mercado entendido globalmente, não eram menos contrários ao interesse de cada capitalista em particular. Este Estado arrogante, tecnocrático e intervencionista, só era aceito pela burguesia em razão de sua capacidade de manter a expansão econômica em relativa paz social. Em um sistema em expansão contínua, com efeito, a vantagem de cada um tornava-se compatível com a de todos: todo mundo ganhava. Mas, finda a expansão, a economia de mercado retorna ao jogo de soma zero: cada qual pode garantir o seu interesse, mas em detrimento do outro. A paralisação da expansão econômica tornou caduco o "compromisso fordista". GORZ, André. *Metamorfoses do trabalho:* crítica da razão econômica. Tradução Ana Montoia. São Paulo: Annablume, 2003. p. 180-182.

Guerra Mundial (período de trinta anos) e começou a definhar no início da crise econômica (meados dos anos setenta do século passado).

Deveras, se nos trinta anos posteriores ao término da Segunda Guerra Mundial o Estado social (Estado de bem-estar social) viveu o seu apogeu, a crise do petróleo e a conseqüente recessão econômica ocorrida em meados da década de setenta do século passado provocaram o início do declínio desse modelo estatal.

Ora, consoante o modelo até aqui exposto, esse ataque econômico ao modelo de Estado social também ocasionou um ataque à teoria geral do direito que lhe era correspondente, pois se tratava de um direito protecionista. Restou atingido, assim, o direito do trabalho, mormente em sua acepção clássica (direito interventor, protetor de apenas uma das partes da relação contratual).[12] Nas palavras de *José Luis Cataldo*:

> *Los tiempos serán duros: al desmantelamiento que los propios Estados acometen contra la normativa laboral, por medio de la desregulación normativa, se unirá el golpe de gracia de la propia partes, mediante las nuevas técnicas de gestión de descentralización produtiva* (outsourcing), *redcción de plantillas (downsizing) y reigenería, que provocarán lo que com acertada fórmula se describió com la 'huida del Derecho del Trabajo´llevando a afirmar que 'el dogma de la optimización de los benefícios empresariales llevado a sus últimas consecuencias significa pura y simplesmente la desaparición de Derecho de Trabajo'.*[13]

Destarte, consoante o paralelo acima traçado, se, ao término da Segunda Guerra Mundial, o direito do Estado social vivenciou o seu auge, o mesmo ocorreu com o direito do trabalho clássico. Assim, entrando o Estado social em crise, o direito do trabalho seguiu os seus passos. Acerca da matéria, as palavras de *Romita*, para quem:

> A crise econômica de 1973, aliada à incapacidade dos sistemas de produção para gerar empregos em quantidade suficiente, em face de fatores conjunturais que precipitaram a fragmentação do modelo de emprego integral, acarreta o aparecimento de formas atípicas de realização de trabalho [...]. A tendência expansionista do direito do trabalho, assimilada pelos estudiosos durante os anos de sedimentação doutrinária da matéria, findou com o término dos chamados 30 anos gloriosos (os trinta anos subseqüentes ao fim da Segunda Guerra Mundial).[14]

Dessa maneira, o aprofundamento da crise econômica ocasionou inevitáveis mudanças no modo de produção capitalista e, em decorrência dessa mudança

---

(12) Não se considera, assim, a princípio, a flexibilização e a terceirização como ataques ao direito do trabalho; percebe-se apenas uma nova realidade desse direito. Realidade a ser regulada de forma justa e correta — respeitando e concretizando os direitos fundamentais — pelo direito laboral.

(13) CATALDO, José Luis. *El nuevo derecho del trabajo*, cit., p. 14.

(14) ROMITA, Arion Sayão. A crise do critério da subordinação jurídica — necessidade de proteção a trabalhadores autônomos e parassubordinados. In: *Revista LTr*, São Paulo, p. 68-11.

no modo de produção, alteraram-se o modelo de Estado (teoria geral do Estado), a teoria geral do direito e, conseqüentemente, o próprio direito do trabalho.(15)

Contudo, se o modelo de Estado social passou por inegáveis dificuldades, impossível pugnar-se pelo simples retorno ao Estado liberal. Isso, aliás, apenas os economistas ultraliberais filiados à escola de Chicago o fizeram.(16)

Todavia, constatada a ineficácia ou a incapacidade do Estado para resolver todos os problemas sociais e econômicos da sociedade hodierna, uma nova diretriz foi construída: era preciso pensar um novo conceito de Estado, cujo modelo resultasse do aprofundamento e da junção dos dois modelos anteriores (Estado social e Estado liberal).

Nesse novo conceito de Estado, a velha comporta estabelecida entre o Estado e a sociedade, seria rompida. Assim, as tarefas do Estado passaram a ser tarefas, também, da sociedade. Desse novo prumo, deriva, como adiante será demonstrado de forma pormenorizada, a idéia de vinculação dos particulares ao cumprimento dos direitos fundamentais.(17)

Por outro lado, a exigência de legitimação democrática, ontologicamente ligada ao modelo do Estado democrático de direito, confere a necessária legitimidade social e política para o Estado interagir com a sociedade, limitando, quando necessário, a liberdade humana. Ou seja, não há, como acontecia no modelo de Estado social, o temor de um agigantamento do Estado, pois ele deverá ser, necessariamente, democrático. Resume o exposto a lição de *Canotilho*, para quem:

> O Estado constitucional é 'mais' do que Estado de direito. O elemento democrático não foi apenas introduzido para 'travar' o poder *(to check the power)*; foi também reclamado pela necessidade de legitimação do mesmo poder *(to legitimize State power)*. Se quisermos um Estado constitucional assente em fundamentos não metafísicos, temos de distinguir claramente duas coisas: 1. uma é a legitimidade do direito, dos direitos fundamentais e do processo de legislação no sistema jurídico; 2. outra é a da legitimidade de uma ordem de domínio e da legitimação do exercício de poder político [...]. Assim, o princípio da soberania popular, concretizado segundo procedimentos juridicamente regulados, serve de 'charneira' entre o 'Estado de Direito' e o 'Estado democrático', possibilitando a compreensão da moderna fórmula Estado de direito democrático.(18)

No entanto, se a falência do Estado de bem-estar social só começou a ser propalada na década de setenta do século passado (notadamente após a crise do

(15) CUNHA, Carlos Roberto. *Flexibilização de direitos trabalhistas à luz da Constituição federal*, cit., p. 45.

(16) CATALDO, José Luis. *El nuevo derecho del trabajo*, cit., p. 27.

(17) Nesse sentido, a lição de Paulo Bonavides. BONAVIDES, Paulo. *Teoria constitucional da democracia participativa:* por um direito constitucional de luta e resistência por uma nova hermenêutica por uma repolitização da legitimidade, cit., p. 158.

(18) CANOTILHO, José Joaquim Gomes. *Direito constitucional.* 3 ed. Coimbra: Livraria Almedina, 1999. p. 95-96.

petróleo), o primeiro fato histórico importante para o surgimento do Estado democrático de direito aconteceu antes, isto é, a Segunda Guerra Mundial.

Cuide-se, agora, do segundo fator corrosivo do Estado social (término da Segunda Guerra Mundial), que, por conseguinte, conformou o Estado democrático de direito.

De logo, ressalte-se um dado histórico importantíssimo: o término da Segunda Guerra Mundial e a descoberta dos horrores praticados pelo regime nacional-socialista (nazismo) na Alemanha.

Ora, o amontoado de horrores perpetrados sob o manto de uma tacanha legalidade formal(19) levou ao denominado retorno ao direito natural na ciência do direito.

Desse segundo fator (o fator histórico) deriva-se dois aspectos mui relevantes — e já consolidados — do modelo de Estado democrático de direito, quais sejam: 1. uma teoria dos direitos fundamentais coligada à tarefa de cumprimento e concretização destes direitos pelo Estado e pela sociedade;(20) 2. a necessidade de legitimação democrática dos atos estatais, e o conseqüente estímulo à participação popular.

Cumpridos esses dois aspectos, passa-se a ter, paulatinamente, o Estado democrático de direito a suceder o Estado social; os direitos de terceira dimensão a complementar os direitos de primeira e segunda dimensões (teoria geral do Estado); e a jurisprudência de valores a suceder (completar) a jurisprudência de interesses (teoria geral do direito).

### 3.3. Correlação entre Estado democrático de direito e jurisprudência de valores

Finda a Segunda Guerra Mundial, a humanidade descobriu, perplexa, os horrores do nazismo e o grande perigo de se distanciar (separar) o direito da justiça.(21) Em vista desses fatos, como sobejamente demonstrado, ocorreu o denominado retorno ao direito natural.(22)

---

(19) Legalidade chancelada, de certa forma, pelos cardeais de ciência do direito de então, porquanto, para o positivismo na ocasião reinante, o direito poderia ter qualquer conteúdo.

(20) No escólio de Ribas Vieira *et al.*: "Convertidos os direitos fundamentais (especialmente por causa da conscientização dos horrores causados à humanidade pela Segunda Guerra Mundial) no coração do Estado de Direito e do Direito Constitucional, eles explicam o processo de crescente primazia na segunda metade do século XX da jurisdição constitucional dos direitos [...]". VIEIRA, José Ribas *et al. A Constituição européia:* o projeto de uma nova teoria constitucional, cit., p. 18.

(21) Sem sombras de dúvidas, a ciência do direito germânico anterior ao término da Segunda Guerra Mundial chancelou o regime nazista e seus terríveis atos e leis. Conf. RIGAUX, François. *A lei dos juízes.* Tradução: Edmir Missio. São Paulo: Martins Fontes, 2000. p. 107-111.

(22) *"L'argomento tornò di attualitá, per cosí dire, depo la seconda guerra mondiale, quando si assistte a un vero e proprio 'ritorno' del diritto naturale."* ZANETTI, Gianfrancesco. John M. Finnis e la nuova dottrina del diritto naturale. In: ZANETTI, Gianfranceso (Coord.). *Filosofi del diritto contemporanei.* Milão: Cortina Editore, 1999. p. 33.

E esse inquestionável retorno ao jusnaturalismo acarretou importantes modificações (aperfeiçoamentos) na teoria geral do Estado, na teoria dos direitos fundamentais e na teoria geral do direito.(23)

Com efeito, esse retorno ao direito natural acarretou o renascimento da teoria da justiça. De tal arte, após a ciência do direito haver renegado a questão da justiça a um terceiro plano, a teoria da justiça volta, qual retratado na parábola do filho pródigo, ao campo do direito.

Exemplo maior do afirmado é a transformação ocorrida na obra de *Gustav Radbruch*, apontado, e com razão, como um dos maiores expoentes da jurisprudência de valores.(24) Mas nem sempre assim o foi. Houve outro *Radbruch*, estritamente positivista, anterior ao término da Segunda Guerra Mundial. Na lição de *Gianfrancesco Zanetti*:

> *Dure accuse furono, dunque, mosse al positivismo giuridico nel secondo dopoguerra, al quale venne imputata una sorta di acquienscenza imbelle di fronte alla barbarie giuridica dei regimi totalitari. Il caso Radbruch ebbe grande notorietá, anche per la statura non solo scientifica, ma politica e morale, della persona: nella sua Rechtsphilosophie (l'edizione definitiva è del 1932: gli anni sono importanti, qui si è alla vigilia dell'ascesa di Hitler al cancellierato), Gustav Radbruch professa ancora una concezione del diritto dichiaratamente relativística, e afferma l'impossibilità della conoscenza del dirrito giusto (scrisse testualmente che dimostra di essere chiamato a stabilire il diritto colui che è in grado di imporre il diritto). Già nel 1945 (cioè l'anno della caduta del nazionalsocialismo) Radbruck mostra invece di accogliere l'idea della validità del diritto naturale, che poi fa esplicitamente sua nella Vorschule der Rechtsphilosophie (1948)...l'antico problema dello status della lex injustu, caro a sant'Agostino e a Cicerone, a Platone e a Tommaso d'Aquino, tornava d'attaualitá.*(25)

---

(23) Ora, há de se relembrar que a Corte Constitucional alemã e a Corte Constitucional portuguesa derivam o princípio da proporcionalidade (proibição de excesso) do Estado democrático de direito, conforme ensina Canotilho. Nessa quadra, vale rememorar a forte ligação entre o princípio da proporcionalidade e a idéia de justiça. Ou, para resumir: um dos institutos jurídicos criados — decorrentes — do Estado democrático de direito é o princípio da proporcionalidade, visando, exatamente, a atingir um dos fins desse modelo de Estado, qual seja, a concretização da justiça.

(24) Nesse sentido, a lição de Camargo. Conf. CAMARGO, Margarida Maria Lacombe. *Hermenêutica e argumentação:* uma contribuição ao estudo do direito. 3. ed. Rio de Janeiro: Renovar, 2003. p. 118 e 122.

(25) Traduzindo para o vernáculo: "Duras acusações foram, portanto, feitas ao positivismo jurídico após a 2ª Guerra Mundial. A ela imputada uma espécie de tímida aquiescência diante da barbárie jurídica dos regimes totalitários. O caso Radbruch teve grande notoriedade também pela estatura não apenas científica, mas também política e moral da pessoa: na sua *Filosofia do Direito* (a edição definitiva é de 1932: as datas são importantes, pois se está às vésperas da ascensão de Hitler ao cargo de Chanceler da Alemanha) Gustav Radbruch defende ainda uma concepção do direito declaradamente relativista, e afirma a impossibilidade do conhecimento do Direito Justo (escreve textualmente que demonstra ser chamado a estabelecer o Direito aquele que estiver em grau de impor o Direito). Já em 1945 (isto é, o ano da queda do nazismo) Radbruck passou a acolher a idéia da validade do Direito Natural, o que faz explicitamente em sua 'Introdução à Filosofia do Direito' (1948). O antigo problema do *status* da *lex injusta*, caro a Santo Agostinho, a Platão, a Cícero, a São Tomás de Aquino, voltava à atualidade". ZANETTI, Gianfrancesco. John M. Finnis e la nuova dottrina del diritto naturale. In: ZANETTI, Gianfranceso (Coord.). *Filosofi del diritto contemporanei*, cit., p. 33-35 e 62.

Portanto, na hodierna ciência do direito (jurisprudência de valores) só é direito o que for justo. Razoavelmente justo.[26] Calha relembrar os ensinamentos finais desse segundo *Radbruch*:

> *El conflicto entre la justicia y la seguridad jurídica puede ser solucionado en el sentido de que el derecho positivo assegurado por su sanción y el poder tiene prioridad aun cuando su contenido sea injusto y disfuncional, a menos que la contradicción entre la ley positiva y la justicia alcance uma medida tan insoportable que la ley, entanto 'derecho injusto', tenga que ceder ante la justicia.*[27]

Nessa esteira, houve a consolidação, na jurisprudência dos tribunais do mundo ocidental, dos princípios da razoabilidade ou da proporcionalidade, princípios esses fortemente ligados à idéia de justiça e de direito natural.[28]

Nas palavras de *Karl Larenz*: "El princípio de proporcionalidad, en su sentido de prohibición de la excesividad, es un principio de Derecho justo que deriva inmediatamente de la idea de justicia."[29]

Com efeito, na jurisprudência de valores, há um compromisso com a justiça. Assim, sem descurar a importância da norma jurídica (jurisprudência de conceitos) e dos fatos (jurisprudência de interesses), o operador do direito deve buscar a justiça da decisão. Se a decisão judicial ou a lei não for justa, não é direito, pois ofende ao princípio da proporcionalidade.[30]

E é nessa visão de realização da justiça no caso concreto que se encontra o cerne do Estado democrático de direito, qual seja, a concretização dos direitos

---

(26) Naquilo que Castanheira Neves denomina de justeza. Conf. NEVES, Castanheira. *O actual problema da interpretação jurídica – I.* Coimbra: Coimbra Editora, 2003. p. 43-44.

(27) RADBRUCH, Gustav *apud* ALEXY, Robert. *El concepto y la validez del derecho.* Tradução: Jorge M. Seña. Barcelona: Gedisa Editorial, 2004. p. 34.

(28) Na lição de Barroso: "o princípio da razoabilidade é um parâmetro de valoração dos atos do Poder Público para aferir se eles estão informados pelo valor superior inerente a todo ordenamento jurídico: a justiça. Sendo mais fácil de ser sentido do que conceituado, o princípio se dilui em um conjunto de proposições que não o libertam de uma dimensão excessivamente subjetiva. É razoável o que seja conforme à razão, supondo equilíbrio, moderação e harmonia, o que não seja arbitrário ou caprichoso, o que corresponda ao senso comum, aos valores vigentes em dado momento ou lugar. Há autores, mesmo, que recorrem ao direito natural como fundamento para a aplicação da regra da razoabilidade." BARROSO, Luís Roberto. *Princípios da razoabilidade e da proporcionalidade.* Disponível em: <http://www2.uerj.br/~direito/publicacoes/publicacoes/diversos/barroso2.html> Acesso em: 4 maio 2005.

(29) LARENZ, Karl. *Derecho justo:* fundamentos de ética juridica. Tradução: Luis Díez-Picazo. Madri: Civitas, 2001. p. 145.

(30) Assim, há de se observar que todos os Estados ocidentais que adotaram o Estado democrático de direito, por um caminho ou por outro (positivação na Constituição ou construção jurisprudencial), adotaram também o princípio da proporcionalidade. No Brasil, por exemplo, o STF deriva o princípio da proporcionalidade do princípio do devido processo legal substantivo positivado no art. 5º, inciso LIV, da CF vigente. Conf. BARROS, Suzana de Toledo. *O princípio da proporcionalidade das leis restritivas de direitos fundamentais.* 2. ed. Brasília: Brasília Jurídica, 2000. p. 122-125. Aliás, objetivando tutelar a segurança jurídica, da qual a jurisprudência de valores também é tributária, tem-se que a justiça — valor justiça — só poderá prevalecer sobre a lei ou decisão judicial se a contradição entre a lei e a justiça for "insuportável". Trata-se da fórmula Radbruch adotada pela Corte Constitucional Alemã. Conf. ALEXY, Robert. *El concepto y la validez del derecho*, cit., p. 34.

fundamentais e da Constituição.(31) Em suma, eis o prelecionado pela jurisprudência de valores, que se apega à denominada feição normativa da ciência do direito.(32)

Ainda nesse cenário doutrinário, todo o proceder hermenêutico do Estado (juiz) deve ser orientado para a efetivação (máxima eficácia) dos direitos fundamentais, pois só haverá paz social se a Constituição e se esses direitos fundamentais tiverem efetividade.(33)

Pois bem. Há de se constatar que a hoje preponderante teoria geral do direito (jurisprudência de valores) e essa nova teoria geral dos direitos fundamentais advêm de um novo modelo de Estado, qual seja, o Estado democrático de direito. Exatamente o modelo de Estado a reclamar hegemonia no mundo contemporâneo ocidental.

E esse novo viés há de, necessariamente, contagiar o modelo de uma nova teoria geral do direito do trabalho, condizente com o atual estágio de evolução da ciência do direito e da teoria geral do Estado.

### 3.4. Correlação entre Estado democrático de direito e compromisso de efetividade dos direitos fundamentais

O compromisso do Estado democrático de direito com os direitos fundamentais é oriundo de um fator dialético.(34)

Conquanto necessariamente democrático, esse novo modelo de Estado deve ser, igualmente, cônscio dos direitos da minoria, notadamente dos direitos fundamentais. Afinal, o Estado alemão dos anos trinta do século passado tinha a

---

(31) De fato, parte considerável da doutrina, preleciona Alonso Garcia Figueroa, defende que os direitos fundamentais são direitos naturais e, assim sendo, os direitos fundamentais estariam fortemente correlacionados à idéia de um direito justo. GARCÍA FIGUEROA, Alonso. Princípios y derechos fundamentales. In: BETEGÓN, Jerônimo *et al.* (Coordinadores). *Constitución y derechos fundamentales*, cit., p. 236.

(32) Quanto à feição normativa da jurisprudência de valores (axiológica), faz-se no sentido esboçado por Alexy. Na visão do mencionado professor alemão, é possível discernir três dimensões da ciência do direito: a *analítica*, a *empírica* e a *normativa*. A dimensão analítica cuidaria da feição sistemático-conceitual do direito válido, ou seja, de questões relativas ao conceito de norma jurídica, de direito subjetivo etc. A dimensão empírica cuidaria da práxis dos tribunais e da efetividade do direito. A dimensão normativa, por sua vez, trataria de saber, em cada caso concreto, a decisão correta. Como bem nota Alexy, cada etapa da ciência do direito coliga-se, sobremaneira, a uma das dimensões explanadas. De tal arte, a jurisprudência de conceitos coliga-se à dimensão analítica; a jurisprudência de interesses, à dimensão empírica; e a jurisprudência de valores, à dimensão normativa. Concorda-se, ainda, com o citado mestre quando este preleciona que a vinculação às três dimensões é condição necessária à racionalidade da ciência do direito. Conf. ALEXY, Robert. *Teoría de los derechos fundamentales*, cit., p. 29-33.

(33) Nesse contexto, o fracasso da Constituição de Weimar — sua baixa efetividade — é responsabilizado pela ascensão do nazismo, decorrendo daí a saudável obsessão pela efetividade da Constituição e dos direitos fundamentais, característica desse momento da ciência do direito. Conf. MACIEL, Adhemar Ferreira. *Dimensões do direito público*, cit., p. 125.

(34) Este tema, dada a importância nesta tese, será recorrente, pois, seguindo a trilha de Pérez Luño, visualiza-se uma interligação "genética" entre esses dois institutos jurídicos. Conf. PÉREZ LUÑO, Antonio E. *Los derechos fundamentales*. 8. ed. Madri: Tecnos, 2004. p. 19-20.

chancela hipnótica do povo daquele país (tinha inegável legitimidade democrática). Assim, um Estado democrático de direito é, ao mesmo tempo, democrático e respeitador dos direitos das minorias, devendo primar pela realização dos direitos fundamentais.

Com argúcia, o professor *Willis Santiago Guerra Filho* percebe tal nuança:

> Historicamente, poder-se-ia localizar seu surgimento nas sociedades européias recém-saídas da catástrofe da Segunda Guerra, que representou a falência tanto do modelo liberal de Estado de Direito, como também das fórmulas políticas autoritárias que se apresentaram como alternativa. Se, em um primeiro momento, observou-se um prestígio de um modelo social e, mesmo, socialista de Estado, a fórmula do Estado Democrático firma-se com base em uma revalorização dos clássicos direitos individuais de liberdade, que se entende não poderem jamais ser demasiadamente sacrificados, em nome da realização de direitos sociais.[35]

Nesse norte, denotando a tentativa das constituições promulgadas após 1945 em conciliar os direitos de liberdade com os direitos sociais, ensina *Lenio Streck*, "O Estado democrático de direito emerge como um aprofundamento da fórmula, de um lado, do Estado de Direito, e de outro, do *Welfare State*".[36] Ainda segundo esse professor, diversas constituições promulgadas no transcurso dos anos setenta e oitenta do século passado optaram pelo modelo de Estado democrático de direito.

Refletindo tal realidade histórica, realça-se que a República Federativa do Brasil é um Estado democrático de direito, consoante deflui da leitura do preâmbulo e do artigo primeiro da Constituição vigente, promulgada em 1988.[37]

Ora, à vista do exposto, um Estado democrático de direito é um Estado democrático (quando o poder emana do povo), ou seja, um Estado comprometido com a concretização dos direitos fundamentais, sejam eles de primeira, segunda ou terceira dimensão.

Pertinente, aqui, a lição do professor *Friedrich Müller*, para quem: "Não somente as liberdades civis, mas também os direitos humanos enquanto realizados são imprescindíveis para uma democracia legítima".[38]

Assim, um Estado democrático de direito possui quatro dimensões, na visão de *Canotilho*[39], quais sejam: *juridicidade, democracia, socialidade* e *sustentabilidade ambiental*. Ainda na lição desse mestre português:

---

(35) GUERRA FILHO, Willis Santiago. *A filosofia do direito aplicada ao direito processual e à teoria da Constituição*, cit., p. 102.

(36) STRECK, Lenio. *Jurisdição constitucional e hermenêutica:* uma nova crítica do direito. Porto Alegre: Livraria do Advogado, 2002. p. 64.

(37) Tal posição topográfica do Estado democrático de direito em nossa Constituição é revestida de grande significação hermenêutica.

(38) MÜLLER, Friedrich. *Quem é o povo?* A questão fundamental da democracia. Tradução: Peter Naumann. Revisão: Paulo Bonavides. São Paulo: Max Limonad, 1998. p. 76.

(39) CANOTILHO, J.J Gomes. *Estado de direito.* Lisboa: Gradiva Publicações, 1999. p. 27.

O Estado constitucional responde ainda a outras exigências não integralmente satisfeitas na concepção liberal-formal de Estado de direito. Tem de estruturar-se como Estado de direito democrático, isto é, como uma ordem de domínio legitimada pelo povo [...].(40)

Nesse diapasão, a lição de *José Luís Bolzan de Morais* resume bem o exposto:

Com efeito, são princípios do Estado democrático de direito: A – Constitucionalidade: vinculação do Estado democrático de direito a uma Constituição; B – Organização Democrática da Sociedade; C – Sistema de direitos individuais e coletivos, seja como Estado de distância, porque os direitos fundamentais asseguram ao homem uma autonomia perante os poderes públicos, seja como um Estado antropologicamente amigo, pois respeita a dignidade da pessoa humana e empenha-se na defesa e garantia de liberdade, da justiça e da solidariedade; D – Justiça Social como mecanismo de correção das desigualdades; E – Igualdade não apenas como possibilidade formal mas, também, como articulação de uma sociedade justa; F – Divisão de Poderes ou Funções; G – Legalidade que aparece como medida do direito, isto é, através de um meio de ordenação racional, vinculativamente prescritivo, de regras, formas e procedimentos que excluem o arbítrio e a prepotência; H – Segurança e certeza jurídicas.(41)

Mais especificamente, *Ingo Sarlet*, ao prelecionar sobre a correlação entre Estado democrático de direito e a concretude da Constituição e dos direitos fundamentais, pontifica:

Para além disso, estava definitivamente consagrada a íntima vinculação entre as idéias de Constituição, Estado de Direito e direitos fundamentais. Assim, acompanhando as palavras de *K. Stern*, podemos afirmar que o Estado constitucional determinado pelos direitos fundamentais, assumiu feições de Estado ideal, cuja concretização passou a ser tarefa permanente.(42)

Nesse norte, *Arion Sayão Romita*, escudado noutros mestres, elucida a questão ao prelecionar:

Além disso, cabe ressaltar a conexão entre os direitos fundamentais e o Estado democrático de direito. O princípio estruturante do Estado democrático de direito se nutre da noção de direitos fundamentais e estes pressupõem a democracia.(43)

---

(40) *Idem.*

(41) MORAIS, José Luís Bolzan. De sonhos e defeitos da globalização. In: SARLET, Ingo Wolgang (Coord.). *Direitos fundamentais sociais:* estudos de direito constitucional internacional e comparado, cit., p. 56.

(42) SARLET, Ingo Wolfgang. *A eficácia dos direitos fundamentais.* 4. ed. Porto Alegre: Livraria do Advogado, 2004. p. 68.

(43) ROMITA, Arion Sayão. *Direitos fundamentais nas relações de trabalho*, cit., p. 72.

Mais ainda, consoante pontifica a Corte Constitucional alemã, ensina *Peter Häberle*, a dignidade humana é "o ponto de partida dos direitos fundamentais", irradiando-se sobre os demais.[44]

Demonstrada a origem do direito do trabalho, direito germinado no modelo de Estado social, e esboçadas as características essenciais do Estado democrático de direito (modelo de Estado comprometido com a conciliação entre os direitos individuais e sociais, compromissado, também, com a concretização dos direitos fundamentais, direitos estes irradiados da dignidade humana e com a realização da justiça no caso concreto),[45] cumpre lançar a seguinte pergunta: seria o direito do trabalho clássico compatível com esse novo modelo de Estado?

(44) Conf. HÄBERLE, Peter. A dignidade humana como fundamento da ordem estatal. In: SARLET, Ingo Wolfgang (Coord.). *Dimensões da dignidade*. Ensaios de filosofia do direito e direito constitucional. Porto Alegre: Livraria do Advogado, 2005. p. 98-103. Tal questão será de vital importância nesta tese, pois tratar-se-á, ao fim, da dignidade humana — trabalho decente — no âmbito do direito do trabalho. E esta "irradiação da dignidade humana sobre os demais direitos fundamentais não deve impedir que as fronteiras dos direitos fundamentais sejam determinadas mediante uma ponderação voltada ao caso concreto, a ser obtida por meio de um cuidadoso 'equilíbrio recíproco' (Peter Lerche) no sentido de se atingir uma 'concordância prática' (Konrad Hesse)." *Ibidem*, p. 102.

(45) Tudo isso sem descurar do princípio da segurança jurídica, que decorre do Estado democrático de direito, como preleciona a Corte Constitucional de Portugal. Eis a lição colhida de um julgado dessa Corte: "A questão da violação do princípio da confiança é, deste modo, transposta para a dimensão da segurança jurídica derivada do Estado de direito democrático". PORTUGAL. Ac. Tribunal Constitucional de Portugal, Proc. n. 485/96, julgado em 8 de janeiro de 1997. Rel. Conselheira Maria Fernando Palma. In: *Acórdãos do tribunal constitucional*. v. 36 (jan. a abr.). Coimbra: Coimbra Editora, 1997. p. 28.

# Segunda Parte

# Direitos Fundamentais e Novo Direito do Trabalho: Primeira Aproximação

# Capítulo 1

# CONTEXTUALIZANDO OS DIREITOS FUNDAMENTAIS: CONCEITO E APLICAÇÃO ÀS RELAÇÕES PRIVADAS

## 1.1. Introdução (incompatibilidade do direito do trabalho clássico com Estado democrático de direito)

Da leitura da primeira parte desta tese, conclui-se: a República Federativa do Brasil é um Estado democrático de direito (preâmbulo e art. 1º da CF vigente).

Ora, em um Estado democrático de direito, uma das tarefas primordiais da função estatal é realizar a justiça no caso concreto, dando efetividade aos direitos fundamentais.[(1)]

Escudado na doutrina de *Luzia Pinto*, o professor *Ingo Sarlet* resume o exposto ao aduzir o seguinte:

> É neste contexto que assume relevo a concepção, consensualmente reconhecida na doutrina, de que os direitos fundamentais constituem, para além de sua função limitativa do poder (que, ademais, não é comum a todos os direitos), critérios de legitimação do poder estatal e, em decorrência, da própria ordem constitucional, na medida em que 'o poder se justifica por e pela realização dos direitos do homem e que a idéia de justiça é hoje indissociável de tais direitos'.[(2)]

E a justiça a ser alcançada e realizada pelo Estado democrático de direito deve ser — e o é — balizada pelo caso concreto. Assim ensina a hodierna hermenêutica constitucional. Na lição de *Jorge Hage*:

> Deixa-se, isto sim, um espaço crescente à interpretação e a busca de uma solução mais justa do caso concreto, a qual deve ser não simplesmente 'legal', mas justa, eqüitativa, razoável e aceitável pelas partes e pela sociedade,

(1) Relembre-se a lição de Ribas *et al.* Transcrita na nota de rodapé 101.

(2) SARLET, Ingo Wolfgang. *A eficácia dos direitos fundamentais*. 4. ed. Porto Alegre: Livraria do Advogado, 2004. p. 68-69.

inclusive do ponto de vista moral. *Para chegar a essa solução o juiz pode lançar mão de normas não escritas e de princípios gerais.* (grifo do autor)[(3)]

Evidentemente, compreendida tal concepção em sua acepção mais clara, tomar prematuramente partido de uma das partes da relação contratual, como só o faz o direito do trabalho clássico, é ferir a justiça, é não ser condizente com o Estado democrático de direito.[(4)]

Ademais, um Estado democrático de direito não é um Estado passivo (liberal), tampouco um Estado interventor (social). É, sim, um Estado promotor (incentivador) do desenvolvimento da sociedade.[(5)]

Noutras palavras, no modelo estatal ora em estudo, cabe ao Estado interagir com os representantes de uma sociedade civil organizada (sindicatos de empregados e empregadores, por exemplo), fornecendo-lhes meios para que estes encontrem as soluções dos seus problemas, favorecendo, a princípio, a auto-regulação dos conflitos e a concretização dos direitos fundamentais.

Não há de se pensar, portanto, neste modelo de Estado (Estado democrático de direito), num direito que, desprotegendo uma das partes da relação contratual, pois lhe nega direitos fundamentais contrapostos, ao aplicar, cegamente, o dogma do princípio de proteção ao empregado, não privilegie a justiça, sendo o direito do trabalho clássico com ele incompatível.[(6)]

Ademais, analisando a questão por outro ângulo, o direito do trabalho clássico regula as relações de trabalho sob uma perspectiva tradicional, fortemente hierárquica, coligado a um modo de produção no qual a divisão do trabalho é a tônica. Ora, esta divisão de trabalho, modo de produção, é contrária à dignidade da pessoa humana, é contrária ao Estado democrático de direito, pois nele o homem não é tratado em sua inteira dignidade, servindo, no mais das vezes, como uma simples ferramenta de trabalho.[(7)]

---

(3) HAGE, Jorge. *Omissão inconstitucional e direito subjetivo.* Brasília: Brasília Jurídica, 1999. p. 88.

(4) Partindo de uma situação extrema, mas relativamente comum nas lides trabalhistas ocorrentes neste vasto e desigual Brasil, pode-se citar o seguinte caso relatado por Lima: "Diante do pretório, o empregado e o patrão, ambos com sintoma de infinita pobreza; o primeiro reclama soma elevada de diferença salarial, 13º, férias, horas extras, salário-família, indenização de antigüidade, anotações de CTPS; o reclamado não sabe sequer se manifestar em contestação, limita-se a dizer que não tem condição financeira para pagar qualquer indenização, mesmo com prejuízo do sustento próprio e da família (claro que expresso em linguagem coloquial); o Juiz-Presidente propõe a conciliação e para a surpresa de todos, o reclamado oferece a bodega ao reclamante na condição de este o empregar com carteira assinada e salário-mínimo. O reclamante rejeitou a proposta, dizendo que a bodega (contra a qual reclamava) não suportava tal encargo". LIMA, Francisco Meton Marques de. *Princípios de direito do trabalho na lei e na jurisprudência.* São Paulo: LTr, 1994. p. 81-82.

(5) Conf. STRECK, Lenio Luiz. O papel da jurisdição constitucional na realização dos direitos sociais-fundamentais. In: SARLET, Ingo Wolfgang (Coord.). *Estudos de direito constitucional, internacional e comparado.* Rio de Janeiro: Renovar, 2003. p. 177-179.

(6) Ora, é exatamente a existência de princípios diferenciados que informa a autonomia de determinado ramo da ciência jurídica. Conf. RUPRECHT, Alfredo J. *Os princípios do direito do trabalho.* São Paulo: LTr, 1995. p. 7.

(7) Em prefácio de livro, André Gorz percebe tal nuança ao pontificar que a divisão capitalista do trabalho é a fonte de todas as alienações. Conf. GORZ, André. *Crítica da divisão de trabalho.* Tradução: Estela dos Santos Abreu. São Paulo: Martins Fontes, 2001. p. 9. Ora, o direito do trabalho clássico conviveu harmonicamente, aliás, viveu seu apogeu,

Isso considerado, pergunta-se: como tornar o direito do trabalho condizente com o Estado democrático de direito?

Ora, como já observado na primeira parte desta tese, o único modelo de direito laboral compatível com o Estado democrático de direito é um direito do trabalho concretizador e respeitador dos direitos fundamentais dos empregados e dos empregadores. Ou seja, um direito que regule com justiça a relação contratual de trabalho.(8)

Disseque-se o afirmado no parágrafo anterior.

Primeiro, quando o Estado assume a função de concretizar os direitos fundamentais, o faz visando a assegurar condições mínimas de sobrevivência condigna a todos (não apenas dos empregados, relembre-se).

Nesse prisma, o Estado deve garantir, dentro do possível, a existência de empregos (nunca é demais relembrar que o direito ao trabalho decente é um direito de todo cidadão(9)) e os direitos fundamentais de todas as pessoas envolvidas em uma relação de trabalho, harmonizando eventuais direitos fundamentais contrapostos.(10)

Segundo, quando se afirma o compromisso do Estado democrático de direito com a efetividade dos direitos fundamentais, esta garantia não se restringe a assegurar efetividade exclusiva dos direitos de cunho social, afirma-se, também, a defesa dos direitos de liberdade, entre eles, a autonomia da vontade.(11)

---

exatamente no período em que o modo de produção taylorismo/fordista predominou. Prelecionando acerca desses modos de organização de produção, Ricardo Antunes afirma: "De maneira sintética, podemos indicar o binômio taylorismo/fordismo, expressão dominante do sistema produtivo e de seu respectivo processo de trabalho, que vigorou na grande indústria, ao longo de praticamente todo século XX, sobretudo a partir da segunda década, baseava-se na produção em massa de mercadorias, que se estruturava a partir de uma produção mais homogeneizada e enormemente verticalizada." ANTUNES, Ricardo. *Os sentidos do trabalho.* Ensaio sobre a afirmação e negação do trabalho. São Paulo: Boitempo, 1999. p. 36.

(8) Este novo direito do trabalho irá tentar assegurar tanto o direito ao trabalho (direito este positivado no art. 6º da Constituição), quanto o direito fundamental ao lazer (direito este expraiado em vários dispositivos constitucionais).

(9) Não cabe nos limites do tema desta tese aprofundar o estudo do conceito de trabalho decente, mas cumpre, de logo, enlaçá-lo ao conceito de dignidade humana. José Cláudio Monteiro de Brito Filho, assim define trabalho decente: "Trabalho decente, ..., é um conjunto mínimo de direitos do trabalhador que corresponde: à existência de trabalho; à liberdade de trabalho; à igualdade no trabalho; ao trabalho em condições justas, incluindo a remuneração; e a preservação de sua saúde e segurança, proibição do trabalho infantil; à liberdade sindical; e à proteção contra os riscos sociais". BRITO FILHO, José Cláudio Monteiro de. Trabalho com redução à condição análoga à de escravo: análise a partir do trabalho decente e de seu fundamento, a dignidade da pessoal humana." In: VELLOSO, Gabriel (Coord.). *Trabalho escravo:* o desafio de superar a negação. São Paulo: LTr, 2006. p. 128.

(10) Nesse sentido, relembre-se decisão da Corte Constitucional alemã, que, "desprotegendo alguns empregados", deu interpretação conforme a Constituição, a lei de proteção contra os despedimentos, afastando a aplicação desta lei quando o empregador for uma microempresa. Conf. CANARIS, Claus-Wilhelm. *Direitos fundamentais e direito privado.* Tradução: Ingo W. Sarlet e Paulo M. Pinto. Coimbra: Almedina, 2003. p. 34.

(11) Nesse sentido, pontue-se parte da lição de José Luís Bolzan Morais citada na primeira parte desta tese. Nessa lição, realça o pensador gaúcho as características do Estado democrático de direito, dentre elas, destaque-se: "C – Sistema de direitos individuais e coletivos, seja como Estado de distância, porque os direitos fundamentais asseguram ao homem uma autonomia perante os poderes públicos, seja como um Estado antropologicamente amigo pois respeita a dignidade da pessoa humana e empenha-se na defesa e garantia de liberdade, da justiça

Tem-se, assim, uma situação paradoxal a revelar-se, sobremodo, no campo do direito do trabalho, pois, nesta seara da ciência do direito, ocorrem conflitos cotidianos entre autonomia da vontade e outros direitos fundamentais.

E esses conflitos são, potencialmente, diversos em nosso campo de estudo. Por exemplo, direito à saúde (insalubridade) *versus* autonomia da vontade; direito à imagem *versus* autonomia da vontade e direitos de liberdade do empregador; dignidade da pessoa humana *versus* autonomia da vontade etc.(12)

Em um Estado democrático de direito, para cada tipo de conflito entre direitos fundamentais, e tendo em conta a situação concreta, a hodierna hermenêutica dos direitos fundamentais apresenta uma solução, um caminho.(13) Tais tensões são corriqueiras na seara trabalhista.

Todavia, no mais das vezes, infelizmente, esses conflitos passam despercebidos pelos operadores jurídicos (exemplificativamente, pode-se citar a tensão entre o direito à saúde *versus* o direito à autonomia da vontade(14)).

---

e da solidariedade; D – Justiça Social como mecanismo de correção das desigualdades; E – Igualdade não apenas como possibilidade formal mas, também, como articulação de uma sociedade justa". MORAIS, José Luís Bolzan. De sonhos e defeitos da globalização. In: SARLET, Ingo Wolfgang (Coord.). *Direitos fundamentais sociais:* estudos de direito constitucional internacional e comparado. Rio de Janeiro: Renovar, 2003. p. 56.

(12) Desse conflito entre direitos fundamentais, surgirá um espaço onde a autonomia da vontade poderá prevalecer, no entanto, tal espaço limitado da autonomia da vontade transfigura este clássico instituto — autonomia da vontade — transformando-o em autonomia privada.

(13) Ensina Venegas: "Se plantea así el problema de los limites jurídico-negociales aplicables a los derechos fundamentales, pues, para resolver el conflicto, se debe determinar en qué medida puede el individuo, en el ejercicio de su autonomia privada, renunciar válidamente a la protección de un derecho fundamental [...]. El conflicto se deberá resolver entonces estudiando las condiciones que se den en cada supuesto concreto, para decidir si el derecho en cuestión debe prevalece sobre la liberdad contractual". VENEGAS GRAU, Maria. *Derechos fundamentales y derecho privado:* los derechos fundamentales en las relaciones entre particulares y el principio de autonomia privada. Madri: Marcial Pons, 2004. p. 2006-2007.

(14) Caso se examine a jurisprudência do TST, serão percebidas oscilações no enfrentamento do tema (concretização e harmonização de direitos fundamentais quando em conflito), conforme se deduz das ementas das decisões abaixo transcritas. Primeira ementa (Ac. TST – 3ª T. – Proc. RR n. 1638/2001-059-03-00, julgado em 15 de agosto de 2004. Rel. Min. Maria Cristina Irigoyen Peduzzi. "INTERVALO INTRAJORNADA REDUÇÃO POR NORMA COLETIVA. O acórdão recorrido está conforme à Orientação Jurisprudencial n. 342 da SBDI-1, que dispõe: É inválida cláusula de acordo ou convenção coletiva de trabalho contemplando a supressão ou redução do intervalo intrajornada porque este constitui medida de higiene, saúde e segurança do trabalho,garantido por norma de ordem pública (art. 71 da CLT e art. 7º, XXII, da CF/1988), infenso à negociação coletiva. ADICIONAL DE PERICULOSIDADE. O Tribunal Regional consignou que o Reclamante habitualmente permanecia em área de risco. Entendimento diverso demandaria exame de fatos e provas, vedado em sede extraordinária (Enunciado n. 126 do TST). Em relação à necessidade de efetivo manuseio de inflamáveis, prevalece nesta Corte o entendimento de que o trabalho em área de risco, independentemente da atividade desempenhada pelo empregado, dá ensejo à percepção do adicional de periculosidade". Em sentido diverso, transcreve-se o seguinte julgado: "INTERVALO INTRAJORNADA REDUÇÃO NEGOCIAÇÃO COLETIVA – VALIDADE. O Acordo Coletivo de Trabalho tem força obrigatória no âmbito da empresa que o firmou, regendo os contratos individuais de trabalho dos empregados representados pela entidade sindical. A norma coletiva que reduziu o intervalo intrajornada tem plena validade jurídica e deve prevalecer. Torna-se necessário prestigiar o artigo 7º, inciso XXVI da Constituição da República, já que, se as partes assim acordaram, é porque houve, por parte do Sindicato representativo da categoria profissional, a abdicação de alguns direitos em prol da conquista de outros que naquele momento eram mais relevantes. Recurso de Revista conhecido e provido". TRIBUNAL SUPERIOR DO TRABALHO. Ac. TST – 3ª T. – Proc. RR n. 00716/2000-077-15-00.9, julgado em 18 de dezembro de 2002. Rel. Min. Carlos Alberto Reis de Paula. Disponível em: <http://www.tst.gov.br/> Acesso em: 07 mar. 2005.

Conforme será demonstrado, as contraditórias decisões de julgados trabalhistas pátrios evidenciam a falta de refino teórico para enfrentar a questão.

Em verdade, outra visão e preparo do direito do trabalho se fazem necessários. Precisa-se pensar em um direito no qual a tensão entre direitos fundamentais ocorra ordinariamente, necessário, portanto, saber manejar a teoria geral dos direitos fundamentais e a específica hermenêutica destes.(15)

Na Alemanha, ensina *Gilmar Mendes*, a questão já encontrou ressonância na doutrina e na jurisprudência. Nesse passo, pertinente é transcrever a mencionada lição do Ministro *Gilmar Mendes*:

> *Hesse* sustenta que os direitos fundamentais não obstam a que titulares assumam obrigações em face de outros entes privados, uma vez que também a possibilidade de se vincular mediante atos livremente celebrados integra a liberdade individual. Assim, seriam válidos, a princípio, contratos celebrados entre pessoas privadas que limitassem a liberdade de opinião e legítimas as decisões de um empregador que selecionasse seus empregados com utilização de referenciais relacionados com a confissão religiosa ou a convicção política.(16)

Evidentemente, esse paradoxal influxo dos direitos fundamentais no direito do trabalho é a base sobre a qual irá se erigir uma nova teoria geral deste ramo da ciência do direito.(17)

Daí, necessário é fixar certos conceitos antes de se avançar. Afinal, preleciona-se acerca da revolucionária aplicação dos direitos fundamentais no âmbito do direito do trabalho (tomado, nesta tese, como ramo do direito privado(18)), mas ainda não foi explicitado o conceito de direito fundamental acolhido, bem como a possibilidade de aplicação dos direitos fundamentais às relações privadas.(19)

---

(15) Na correta percepção de Zeno Simm: "Na execução do contrato de trabalho, com freqüência entram em colisão os direitos antagônicos de empregado e empregador. Esses direitos, todavia, não são absolutos e ilimitados — ao contrário, sujeitam-se a limites impostos reciprocamente. Os conflitos daí originados são, via de regra, solucionados pela aplicação do princípio da proporcionalidade, em sua tríplice atuação: juízo de idoneidade (ou adequação), juízo de necessidade e juízo de ponderação (avaliação valorativa)". SIMM, Zeno. Os direitos fundamentais nas relações de trabalho. *Revista LTr* 69-11, p. 1303.

(16) Conf. MENDES, Gilmar. *Direitos fundamentais:* eficácia das garantias constitucionais nas relações privadas — análise da jurisprudência da corte constitucional alemã. Direitos fundamentais e controle de constitucionalidade. São Paulo: Celso Bastos Editor, 1999. p. 227.

(17) Pensadores do porte de Everaldo Gaspar Andrade defendem que neste novo direito do trabalho um dos princípios norteadores será o princípio do direito do trabalho como categoria do direito humano fundamental. Nesta senda, abre-se caminho para concretização pela sociedade e pelo Estado dos direitos fundamentais trabalhistas. Conf. ANDRADE, Everaldo Gaspar Lopes. *Direito do trabalho e pós-modernidade.* São Paulo: LTr, 2005. p. 359-362.

(18) Ressalvando a sempre controvertida natureza jurídica do direito do trabalho, parece hoje preponderar a corrente que o concebe como ramo do direito privado (Conf. DELGADO, Mauricio Godinho. *Curso de direito do trabalho.* 2 ed. São Paulo: LTr, 2003. p. 72). Adota-se essa visão privada do direito do trabalho, pois sempre há de haver, neste ramo do direito, uma preservação da autonomia da vontade, contudo, não se pode deixar de acentuar que o paradoxal influxo dos direitos fundamentais nas relações privadas acarreta uma inegável constitucionalização de todo o direito privado. Conf. PEREIRA, Jane Reis Gonçalves. Apontamentos sobre a aplicação das normas de direito fundamental nas relações jurídicas entre particulares. In: BARROSO, Luís Roberto (Coord.). *A nova interpretação constitucional.* Rio de Janeiro: Renovar, 2003. p. 120-121.

(19) No capítulo seguinte será examinada a hermenêutica diferenciada das normas de direito fundamental.

Cuidar-se-á, portanto, nos tópicos posteriores, desses dois aspectos: o conceito de direito fundamental ora adotado e a possibilidade, ou não, de aplicação dos direitos fundamentais às relações privadas.

## 1.2. Conceito de direito fundamental adotado nesta tese

Quando se utiliza a expressão direitos fundamentais, faz-se no sentido expresso por *Robert Alexy*[20] e *Pérez Luño*[21], entre outros, qual seja, entende-se que os direitos fundamentais são os direitos humanos positivados (reconhecidos pela ordem estatal). Nesse passo, calha transcrever o escólio do professor *Canotilho*:

> Os direitos fundamentais serão estudados enquanto direitos jurídico-positivamente vigentes numa ordem constitucional. Como iremos ver, o local exacto desta positivação é a Constituição. A positivação de direitos fundamentais significa a incorporação na ordem jurídica positiva dos direitos considerados "naturais" e "inalienáveis" do indivíduo.[22]

Assim, claro está: quando se utiliza da expressão direitos fundamentais, compreende-se como direitos humanos ou naturais positivados, ou seja, reconhecidos por determinada ordem estatal.

Outrossim, consoante delimitado na introdução desta tese, não se trata, aqui, da ontologia dos direitos sociais, ou seja, não será debatido se esses são, ou não, direitos fundamentais, pois esse não é o objetivo desta tese (corte epistemológico).

Não obstante tal afirmação, reitere-se: a mera aplicação dos denominados direitos fundamentais clássicos no âmbito do direito do trabalho já é força motriz suficiente para provocar uma revolução neste ramo da ciência jurídica.

Cuidar-se-á, assim, apenas da aplicação dos direitos fundamentais clássicos ou não específicos no campo das relações de trabalho.

Recorre-se à lição de *Pedrajas Moreno*, visando a elucidar este conceito. Diz ele, acerca da diferenciação entre direitos fundamentais específicos e não específicos:

> *Se trata de uma diferenciación puramente convencional, que responde al propósito de distinguir entre aquellos derechos fundamentais cuya realización típica se há de producir en el seno de uma relación de trabajo — los que se designan como "derechos laborales" — de aquellos otros que son inherentes a toda persona y cuyo reconociemento y ejercicio se puede producir tanto em el desenvolvimento*

---

(20) ALEXY, Robert. Colisão de direitos fundamentais e realização de direitos fundamentais no Estado de direito democrático. Tradução: Luís Afonso Heck. *Revista de direito administrativo.* Rio de Janeiro: Renovar, n. 217, p. 73, 1999.

(21) Pertinente, também, é transcrever a seguinte lição: "Como ha subrayado Pérez Luño, con los derechos fundamentales nos referimos a 'aquellos derechos humanos garantizados por el ordenamiento jurídico positivo, en la mayor parte de los casos en su normativa constitucional, y que suelen gozar de una tutela reforzada´". BALEGUER CALLEJÓN, Francisco *et al. Derecho constitucional.* V. II, 8. ed. Madri: Tecnos, 2002. p. 29.

(22) CANOTILHO, José Joaquim Gomes. *Direito constitucional.* 3. ed. Coimbra: Livraria Almedina, 1999. p. 353.

*estrictamente privado del individuo, como cuando éste se inserta em uma relación laboral. Palomeque se ha referido a unos y otros, denominando a los primeros "específicos", por su directa dimensión laboral, y a los segundos inespecíficos, porque aun no siendo específicamente laborales, se puedem ejercitar em el seno de una relación de trabajo [...]."*[23]

Pois bem. Trabalhar-se-á apenas os direitos fundamentais não específicos, ou seja, aqueles direitos fundamentais (liberdade de expressão, por exemplo) que podem — devem — ser exercidos no transcurso de uma relação de emprego, mas que a este momento da vida humana não se limitam.

Afasta-se, assim, qualquer visão feudal da empresa e do ambiente de trabalho, por ser totalmente incompatível com o Estado democrático de direito. Aliás, registra *Antônio Baylos*, o Tribunal Constitucional da Espanha caminha nessa mesma senda, ao repudiar "manifestações de feudalismo industrial" por serem "repugnantes ao modelo estatal vigente" (Estado social e democrático de direito)".[24]

Consoante essa superada visão (supremacia do regramento despótico da empresa sobre as liberdades públicas dos trabalhadores), o empregado era um súdito e, dessa forma, não podia usufruir, ao transpor os umbrais da empresa, de seus direitos fundamentais.[25]

Por essa lógica bizarra, o empregado, ao ingressar no seu local de trabalho, por se encontrar sob o poder de mando e disciplina do empregador, despia-se, por assim dizer, dos seus direitos de cidadania. O neutro Estado liberal adentrava no ambiente de trabalho, mas não para proteger o trabalhador.[26]

Contudo, essa doutrina encontra-se plenamente superada, pois, como já exposto, é dever do Estado e da sociedade respeitar e concretizar os direitos fundamentais.[27]

Explicitado o compromisso do Estado democrático de direito com os direitos fundamentais; estabelecido, também, o conceito de direito fundamental adotado

---

(23) PEDRAJAS MORENO, Abdón. *Despido y derechos fundamentales:* estudio de la presunción de inocencia. Madri: Trotta, 1992. p. 12.

(24) BAYLOS, Antônio. *Direito do trabalho:* modelo para armar. Tradução: Flávio Benites e Cristina Schutz. São Paulo: LTr, 1999. p. 126.

(25) É interessante pontuar o fato de que o direito do trabalho clássico, apesar de ser norteado pelo princípio de proteção, chancelou esta visão ao possuir vários institutos jurídicos que disciplinavam um sistema quase militar de modo de produção. De fato, não obstante o advento do Estado social, a última barreira superada pelos direitos fundamentais foram as portas das fábricas.

(26) Baylos preleciona com habitual lucidez sobre este tema, ao afirmar, calcado na lição de outros mestres, o seguinte: "É sabido que o regime de liberdades públicas que constituía o signo emancipador da nova sociedade burguesa e dos seus cidadãos se viu anulado frente à empresa, organizada como uma das principais formas de dominação geradas pela sociedade civil e na qual regia um princípio estritamente despótico. Tal princípio expressava-se, simbolicamente, 'no fato de que o trabalhador, ao atravessar a porta da fábrica, fica submetido a uma lei própria e especifica no qual estão estabelecidos preceitos obrigatórios sobre seu comportamento na casa de seu senhor'. BAYLOS, Antônio. *Direito do trabalho:* modelo para armar, cit., p. 122.

(27) De fato, conforme irá se demonstrar, diversas decisões judiciais pátrias repudiam totalmente a tese de que os direitos fundamentais não adentram no ambiente de trabalho.

— direitos fundamentais definidos como direitos humanos reconhecidos (positivados) pelo Estado — e delimitado o direito fundamental a ser considerado nesta tese (direitos fundamentais inespecíficos) se fixa (reafirmar-se) o seguinte axioma: a realização e a concretização pelo Estado democrático de direito dos direitos fundamentais já é força motriz suficiente para transformar todo o direito do trabalho.

Isso esclarecido, uma outra questão se apresenta: considerando ser o direito do trabalho um ramo do direito privado, sobremodo após a recuperação da autonomia da vontade, agora transformada em autonomia privada, no campo das relações de trabalho,(28) lícito é questionar se as normas de direito fundamental lhe seriam aplicáveis. Noutros termos, as normas de direito fundamental obrigariam os particulares?

Debate-se, então, a aplicabilidade dos direitos fundamentais às relações privadas, questão de crucial importância quando se pretende proclamar um novo direito do trabalho, um direito concretizador dos direitos fundamentais.

## 1.3. Aplicabilidade dos direitos fundamentais às relações privadas

Consoante preleciona a doutrina, o debate acerca da aplicabilidade dos direitos fundamentais às relações de direito privado, pelo menos na intensidade hoje observada, começou logo após o término da Segunda Guerra Mundial.(29) Mais precisamente, iniciou-se com o advento da Lei Fundamental da Alemanha de 1949.(30)

Antes deste evento histórico, conquanto ainda presente o debate entre a possível preponderância do direito público sobre o direito privado, ou o contrário, não há de se falar na existência de uma verdadeira querela — hoje existente — sobre a aplicabilidade dos direitos fundamentais no âmbito das relações privadas,

(28) Sobre o re-fortalecimento da autonomia da vontade no campo das relações de trabalho, conf. BAYLOS, Antônio. *Direito do trabalho:* modelo para armar, cit., p. 103-113. Deveras interessante é, também, a lição de Amauri Mascaro, segundo ele: "Se admitirmos a validade metodológica da distinção entre direito público e privado, o direito do trabalho seria ramo do direito privado, porque não vincula o cidadão ao Estado; regula interesses imediatos dos particulares; é pluricêntrico, emanados de fontes internacionais, estatais e não estatais; tanto a convenção coletiva quanto o contrato de trabalho não se desvincularam do âmbito do direito privado." NASCIMENTO, Amauri Mascaro. *Teoria geral do direito do trabalho.* São Paulo: LTr, 1998. p. 45. Neste mesmo sentido é a lição de MARTINS, Sérgio Pinto. *Direito do trabalho.* 19. ed. São Paulo: Atlas, 2004. p. 114 e SÜSSEKIND, Arnaldo. *Direito internacional do trabalho.* 2. ed. São Paulo: LTr, 1987. p. 59.

(29) Canotilho acena que este debate remonta, em verdade, à própria Declaração de Direitos do Homem de 1789. Conf. CANOTILHO, José Joaquim Gomes. *Direito constitucional.* 3. ed. Coimbra: Livraria Almedina, 1999. p. 1208-1209.

(30) Neste sentido, SARMENTO, Daniel. A vinculação dos particulares aos direitos fundamentais no direito comparado e no Brasil. In: BARROSO, Luís Roberto (Org.). *A nova interpretação constitucional.* Rio de Janeiro: Renovar, 2003. p. 195. Também neste sentido, a lição de PEREIRA, Jane Reis Gonçalves. Apontamentos sobre a aplicação das normas de direito fundamental nas relações jurídicas entre particulares. In: BARROSO, Luís Roberto (Org.). *A nova interpretação constitucional.* Rio de Janeiro: Renovar, 2003. p. 121-122.

pois, no período anterior à Segunda Guerra Mundial, os direitos fundamentais eram vistos, basicamente, como direitos do cidadão em face do Estado.[31]

Contudo, o denominado retorno ao jusnaturalismo ocorrido após o fim da Segunda Guerra Mundial,[32] e a conseqüente construção, pela Corte Constitucional alemã, de uma doutrina tributária de uma axiologia objetiva emanada da Carta de Bonm (1949), possibilitou uma nova visão da teoria dos direitos fundamentais.[33]

Por essa visão acolhida pela Corte Constitucional alemã, os direitos fundamentais são valores objetivos reconhecidos (positivados) pelo ordenamento jurídico e, como tais, devem se irradiar para toda sociedade, não se limitando (não o obrigando, apenas), portanto, ao Estado.[34]

E num Estado democrático de direito é missão do Estado e da sociedade realizar — concretizar — tais valores (direitos fundamentais). Na lição de *Susana de Toledo Barros*:

> A garantia de sua eficácia jurídica e material não se resolve com a simples positivação de seu conteúdo em uma carta constitucional, haja vista a Constituição de Weimar, que foi solapada pelo nazismo. Foi de fato necessária uma reinterpretação do valor da Constituição como garantia dos direitos fundamentais. Nessa virada que se operou dentro da ciência do direito constitucional, a pauta de bens e valores inscrita na Constituição foi tida como pauta mínima e, ao mesmo tempo, vinculante para todos, até mesmo para o Estado, deixando de ser considerada mera carta de intenções ou mero programa de governo.[35]

Resumindo tal modo de pensar, cite-se a lição de *Alexy* em seu livro *Teoría de los derechos fundamentales*:

> *El Tribunal Constitucional Federal trata de dar cuenta de efecto de irradiación de las nomas iusfundamentales em la totalidad del sistema jurídico con la ayuda del concepto de orden valorativo objetivo. Para citar al Tribunal: "De acuerdo con la*

(31) Não será seguido, assim, o prumo traçado por Eugênio Facchini Neto, pois tal abordagem fugiria aos contornos deste trabalho. Registre-se, contudo, a existência de interessante abordagem realizada pelo professor em comento, abordagem que remete o tema à dicotomia entre o direito público e privado. Conf. FECCHINI NETO, Eugênio, Reflexões histórico-evolutivas sobre a constitucionalização do direito privado. In: SARLET, Ingo (Coord.). *Constituição, direitos fundamentais e direito privado.* Porto Alegre: Livraria do Advogado, 2003. p. 11-60. Por sua vez, Canotilho realça que o problema da eficácia dos direitos fundamentais nas relações privadas não era totalmente estranho à idéia constitucional, citando a Declaração dos Direitos do Homem, de 1789, como exemplo. CANOTILHO, José Joaquim Gomes. *Direito constitucional*, cit., p. 1208-1209.

(32) Conf. ZANETTI, Gianfrancesco. John M. Finnis e la nuova dottrina del diritto naturale. In: ZANETTI, Gianfrancesco (Coord.). *Filosofi del diritto contemporanei.* Milão: Cortina Editore, 1999. p. 33-62.

(33) Conf. HESSE, Konrad. *Elementos de direito constitucional da República Federal da Alemanha.* Tradução: Luís Afonso Heck. Porto Alegre: Sergio Antonio Fabris, 1998. p. 283.

(34) Conf. PEREIRA, Jane Reis Gonçalves. Apontamentos sobre a aplicação das normas de direito fundamental nas relações jurídicas entre particulares. In: BARROSO, Luís Roberto (Org.). *A nova interpretação constitucional.* Rio de Janeiro: Renovar, 2003. p. 149.

(35) BARROS, Suzana de Toledo. *O princípio da proporcionalidade das leis restritivas de direitos fundamentais.* 2. ed. Brasília: Brasília Jurídica, 2000. p. 92.

*jurisprudência permanente del Tribunal Constitucional Federal, las normas iusfundamentaçes contienen no sólo derechos subjetivos de defensa del individuo frente al Estado, sino que representa, al mismo tiempo, un orden valorativo objetivo que, en tanto decisión básica jurídico-constitucionale, vale para todos los ámbitos del derecho y proporciona directrices e impulsos para la legislación, la administración y la justicia.*[36]

Nesse viés, estavam lançadas as sementes que possibilitaram a aplicação dos direitos fundamentais no âmbito do direito privado, dando azo a uma completa e necessária revolução nos ramos desse âmbito da ciência do direito, inclusive do direito do trabalho.

Entretanto, mesmo no contexto alemão posterior a 1945, alguma controvérsia ocorreu. Autores do porte de *Forsthoff*, presos à concepção de direitos fundamentais como direitos de defesa em face do Estado e firmes na defesa da liberdade individual, reagiram à idéia de aplicabilidade imediata ou mediata dos direitos fundamentais às relações privadas.

A lição de *Reinhold Zippelius* resume as razões da resistência à tese de aplicabilidade das normas de direito fundamental às relações privadas. Assim explana o mencionado professor alemão:

> Na história da evolução dos direitos fundamentais o objectivo primordial era defender os âmbitos privados contra usurpações por parte do poder do Estado e proteger contra o Estado as elementares liberdades privadas. A esta compreensão corresponde uma teoria muito divulgada, segundo a qual os direitos fundamentais se dirigem exclusivamente contra o poder do Estado, não vigorando na relação entre cidadãos, isto é, não produzindo eficácia em relação a terceiros.[37]

Todavia, conforme deflui da lição de *Alexy* antes mencionada, a Corte Constitucional alemã, rompendo esse dogma da teoria clássica dos direitos fundamentais (que concebe os direitos fundamentais tão somente como direitos de defesa do cidadão em face do Estado), soterrou a controvérsia relativa à aplicabilidade dos direitos fundamentais, restando, pois, a polêmica quanto à extensão e forma de aplicabilidade.[38]

De tal arte, a aplicabilidade dos direitos fundamentais às relações privadas "contaminou" todo direito ocidental, tendo aceitação praticamente unânime nesses ordenamentos jurídicos.[39]

---

(36) ALEXY, Robert. *Teoría de los derechos fundamentales.* Madri: Centro de Estudios Constitucionales, cit., p. 507.

(37) ZIPPELIUS, Reinhold. *Teoria geral do Estado.* 3. ed. Lisboa: Fundação Calouste Gulbenkian, 1997. p. 438.

(38) SARMENTO, Daniel. A vinculação dos particulares aos direitos fundamentais no direito comparado e no Brasil. In: BARROSO, Luís Roberto (Org.). *A nova interpretação constitucional*, cit., p. 198.

(39) CANARIS, Claus-Wilhelm. *Direitos fundamentais e direito privado.* Coimbra: 2003, p. 21 e SARMENTO, Daniel. Ob. cit., p. 197.

Realizada esta pequena digressão histórica, cumpre dissecar as duas teorias existentes acerca da aplicabilidade dos direitos fundamentais nas relações entre particulares.

### 1.3.1. *Breve explanação acerca da teoria da aplicação mediata dos direitos fundamentais*

Em poucas palavras, pode-se afirmar que a teoria da aplicação mediata dos direitos fundamentais alicerça-se num princípio basilar, qual seja, em nome da autonomia privada (direito fundamental do cidadão), a concretização dos direitos fundamentais no âmbito das relações entre particulares é da competência prioritária do legislador.[40]

Nesse contexto, relembre-se um dado importante: os direitos fundamentais clássicos ganharam a sua potência máxima exatamente para se contrapor ao Estado absoluto e visavam, em última análise, à defesa da liberdade individual cristalizada, por assim dizer, no mito da autonomia da vontade.

Por esse quadro — teoria clássica dos direitos fundamentais — apenas a lei poderia ter alguma ingerência na autonomia da vontade, afinal, o contrato era — é — lei entre as partes. Isso era o mito e a lei do Estado liberal.[41]

Ora, a teoria da aplicação mediata das normas de direito fundamental no âmbito das relações jurídicas entre particulares procura, assim, conciliar a denominada teoria clássica dos direitos fundamentais (os direitos fundamentais enquanto direitos de defesa em face do Estado) com a necessidade de proteção aos direitos fundamentais, porquanto, como não há se negar, os particulares também podem ferir direitos fundamentais de outrem.

De tal arte, para os defensores da teoria da aplicação mediata dos direitos fundamentais, o legislador infraconstitucional deveria realizar os direitos fundamentais (os valores positivados numa Constituição), transportando-os e conciliando-os, via lei, para o âmbito das relações privadas.[42]

Nesse pensar, seria evitada ingerência do juiz na autonomia da vontade do particular, pois esta é, decerto, outro direito fundamental de liberdade que pode, em tese, estar sendo igualmente violado pelo Estado.

(40) Nesse sentido, priorizando o legislador como elemento concretizador dos direitos fundamentais na hipótese de aplicação mediata, o escólio de Gilmar Mendes. Conf. MENDES, Gilmar. *Direitos fundamentais:* eficácia das garantias constitucionais nas relações privadas — análise da jurisprudência da Corte Constitucional alemã. Direitos fundamentais e controle de constitucionalidade. São Paulo: Celso Bastos Editor, 1999. p. 224.

(41) Nesse passo, a exata redação do art. 1.134 do Code, pontificando que este dispositivo legal consubstancia o princípio-mor do Estado não interventor (Estado liberal). Ei-la, pois: "As convenções legalmente formadas impõem-se como lei àqueles que as celebram".

(42) É a teoria dos direitos fundamentais como valores axiológicos positivados (reconhecidos) pelo Estado, teoria acima já explicitada. Nesse sentido, a lição de PÉREZ LUÑO, Antonio Enrique. *Derechos humanos, estado de derecho y Constitución*, cit., p. 313.

Noutras palavras, considerando a existência de potencial conflito entre direitos fundamentais, pois os particulares são titulares desses direitos, a tarefa de harmonizá-los seria, de forma precípua, do legislador e não do juiz.

De acordo com essa concepção, a função do juiz seria não a de aplicar diretamente os direitos fundamentais nas relações privadas, mas, sim, a de interpretar a legislação infraconstitucional, quando existente, a fim de realizar — concretizar — a Constituição (os direitos fundamentais).

Em outras palavras, pode-se falar numa interpretação conforme a Constituição, ou, melhor dizendo, conforme os direitos fundamentais, a ser precedida pelo juiz em cada caso concreto.(43) Aliás, tal postulado hermenêutico deflui da compreensão dos direitos fundamentais como valores objetivos.(44)

E é ainda nesse escopo que, quando a interpretação conforme os direitos fundamentais não for possível, se considera outra possibilidade do Poder Judiciário no campo em estudo (aplicabilidade mediata dos direitos fundamentais às relações privadas), qual seja, declarar a inconstitucionalidade da lei, mas isso apenas em hipóteses extrema.

Assim sendo, para os defensores da teoria da aplicação mediata dos direitos fundamentais, estes deveriam ser concretizados pelo legislador. A função do Poder Judiciário seria a de conferir uma interpretação conforme os direitos fundamentais à legislação infraconstitucional. E apenas quando esta não for possível, caberia ao Poder Judiciário declarar a inconstitucionalidade da norma infraconstitucional não condizente com os direitos fundamentais.

Ainda nesse norte, os direitos fundamentais, como valores objetivos positivados, deveriam inspirar toda a atuação do Estado (Poderes Legislativo, Executivo e Judiciário), que deveria agir para torná-los efetivos.

*Antonio Enrique Pérez Luño*, conquanto seja defensor da aplicação imediata dos direitos fundamentais, resume com maestria a tese da aplicação mediata desses direitos. Pertinente é a transcrição de suas lições:

> *[...] o mediata (mittelbare), que requiere la previa actuación de los poderes públicos al cumplir el mandato constitucional de configurar la situación jurídica de los particulares de acuerdo com los derechos fundamentales. Entre esas actuaciones de los poderes públicos tiene especial relevancia, a efectos de esta exposición, la*

(43) Conf. SARLET, Ingo Wolfgang. *A eficácia dos direitos fundamentais*, cit., p. 157.

(44) Pontifica Gilmar Mendes: "Embora tenha rejeitado expressamente a possibilidade de aplicação imediata de direitos fundamentais às relações privadas *(unmittelbare)*, entendeu o Bundesverfassungsgericht que a ordem de valores formuladas pelos direitos fundamentais deve ser fortemente considerada na interpretação do Direito Privado [...]. Segundo esse entendimento, compete, em primeira linha, ao legislador a tarefa de realizar ou concretizar os direitos fundamentais no âmbito de direitos privados, devendo a sua aplicação realizar-se mediante os meios colocados à disposição pelo próprio sistema jurídico." Conf. MENDES, Gilmar. *Direitos fundamentais:* eficácia das garantias constitucionais nas relações privadas — análise da jurisprudência da corte constitucional alemã. Direitos fundamentais e controle de constitucionalidade, cit., p. 224.

*necessidad de los tribunales de interpretar todas las normas de acuerdo com la Constituición y los derechos fundamentales en ella enunciados.*(45)

Realizados estes breves esclarecimentos acerca da teoria da aplicação mediata dos direitos fundamentais, cabe trabalhar a teoria da eficácia imediata desses direitos.

### 1.3.2. *Breve explanação acerca da teoria da eficácia imediata das normas de direito fundamental no âmbito do direito privado*

Esta segunda vertente da teoria da aplicabilidade dos direitos fundamentais às relações privadas defende que os direitos fundamentais podem ser aplicados diretamente nas relações entre particulares. Ou seja, existindo uma relação jurídica, qualquer que seja, os direitos fundamentais podem reger — regular — a relação.

Nesse pensar, não existe, portanto, vinculação exclusiva do poder público aos direitos fundamentais. Defende-se, em suma, a eficácia *erga omnes* dos direitos fundamentais.(46)

Sintomática e paradoxalmente, tal vertente doutrinária tem como marco inicial a obra do juiz do Tribunal Federal do Trabalho alemão *Hans Nipperdey*, ensina *Jane Reis Gonçalves Pereira*(47). Aliás, consoante preleciona *José Luis Cataldo*, o Tribunal Federal do Trabalho na Alemanha — em acórdão da lavra do juiz *Nipperdey*, proferido nos idos de 1958 — anulou a cláusula de um contrato de trabalho por vulneração de direitos fundamentais.(48)

A lição de *Francisco Baleguer Callejón* resume a preleção sobre a teoria da eficácia imediata dos direitos fundamentais, ao afirmar, com precisão, o seguinte:

*Los derechos fundamentales son, por tanto, verdaderos derechos subjetivos que permitem a su titular su exigencia ante los tribunales frente a los poderes públicos cuando dicho sea conculcado. Es decir, los derechos fudamentales desarrolam constitucionalmente frente al poder público que tiene carácter inmediato y direto.*(49)

Adiante conclui o mestre espanhol:

*Hasta los más recientes desarrollos constitucionales, los derechos sólo regían en las relacionae del individuo com el Estado, pero en el Estado constitucional democrático, donde la Constitución vinculo a todos, esto es, a los poderes públicos y los*

(45) PÉREZ LUÑO, Antonio Enrique. *Derechos humanos, estado de derecho y Constitución*, cit., p. 313.

(46) Conf. PEREIRA, Jane Reis Gonçalves. Apontamentos sobre a aplicação das normas de direito fundamental nas relações jurídicas entre particulares. In: BARROSO, Luís Roberto (Org.). *A nova interpretação constitucional.* Rio de Janeiro: Renovar, 2003. p. 160.

(47) *Ibidem*, p. 158.

(48) CATALDO, José Luis. *El nuevo derecho del trabajo*, cit., p. 118. Com razão ainda o professor chileno ao notar um pormenor interessante: o direito do trabalho foi a porta de entrada dos direitos fundamentais no âmbito do direito privado, mas a teoria dos direitos fundamentais foi — em sua gênese — uma teoria burguesa.

(49) BALEGUER CALLEJÓN, Francisco *et al. Derecho constitucional.* Vol. II, 8. ed. Madri: Tecnos, 2002. p. 56.

*ciudadanos nos es posibles sostener que los derechos fundamentales carezcan de eficacia frente a terceros.*[50]

Noutras palavras, os direitos fundamentais vinculariam diretamente não apenas o Estado, mas, de igual forma, os particulares. De tal arte, em um Estado democrático de direito, se um particular ferir o direito fundamental de outro particular no transcurso de uma relação jurídica, caberia — cabe — ao juiz corrigir a violação ao direito fundamental, anulando-a.

Nesse proceder, ao contrário da aplicação mediata, não se admite a possibilidade de renúncia aos direitos fundamentais mesmo quando a relação jurídica é, exclusivamente, entre particulares. Admitir-se-á, apenas, uma ponderação entre direitos fundamentais, neste caso, eventualmente, um direito fundamental poderá preponderar sobre outro, tudo a depender do caso concreto.

Explanadas as duas principais vertentes doutrinárias existentes acerca do assunto, cabe verificar como ocorre — se ocorre — a aplicação dos direitos fundamentais no ordenamento jurídico brasileiro vigente.

Fixada, contudo, outra premissa: quanto à aplicabilidade dos direitos fundamentais às relações jurídicas entre particulares, dúvida não há. Os direitos fundamentais são aplicáveis às relações exclusivamente privadas.[51] Debate-se, apenas, o grau de extensão desta aplicação.

## 1.4. Aplicação das normas de direito fundamental nas relações privadas no Brasil

No Brasil, a tese de aplicabilidade das normas de direito fundamental às relações privadas encontrou acolhida. Doutrinadores de escol do porte de *Gilmar Ferreira Mendes* a defendem e o fazem seguindo o rastro da decisão da Corte Constitucional alemã (segundo a qual os direitos fundamentais são concebidos como valores objetivos dos quais deflue uma dada ordem jurídica a vincular o Estado e a sociedade).[52] Nesse sentido, colhe-se o seguinte pronunciamento do hoje Ministro do STF:

> Também entre nós pode-se afirmar que, ao gravar os direitos fundamentais com a cláusula de eternidade (CF, art. 60, § 4º), pretendeu o constituinte explicitar o especial significado objetivo dos direitos fundamentais como elementos da ordem jurídica objetiva.[53]

---

(50) *Ibidem*, p. 57.

(51) Conf. CANARIS, Claus-Wilhelm. *Direitos fundamentais e direito privado*, cit., p. 21 e SARMENTO, Daniel. A vinculação dos particulares aos direitos fundamentais no direito comparado e no Brasil. In:BARROSO, Luís Roberto (Org.). *A nova interpretação constitucional.* Rio de Janeiro: Renovar, 2003. p. 197.

(52) Referida decisão, no que interessa, está transcrita às fls. 64 desta tese.

(53) MENDES, Gilmar. *Direitos fundamentais:* eficácia das garantias constitucionais nas relações privadas – análise da jurisprudência da corte constitucional alemã. Direitos fundamentais e controle de constitucionalidade, cit., p. 216-217.

Na jurisprudência, conquanto o assunto ainda mereça um estudo mais aprofundado, empiricamente, os tribunais, notadamente o STF e o TST, estão inclinados a decidir pela aplicação dos direitos fundamentais às relações privadas.

Outrossim, retorna-se à controvérsia desenvolvida nos tópicos anteriores, qual seja: no Brasil a aplicação das normas de direito fundamental às relações privadas seria mediata ou imediata?

Consoante preleciona *Jane Reis Gonçalves*, referindo-se à posição da jurisprudência brasileira: "a jurisprudência tem se orientado no sentido de admitir a eficácia dos direitos fundamentais em relações de direito privado".(54) Contudo, segundo a mencionada professora, tal aplicação dá-se empiricamente, ou seja, sem maiores e necessários aprofundamentos teóricos.

De fato, do exame das duas decisões estudadas por *Jane Pereira* (RE n. 158.215-4 e Ag n. 110.846), nota-se que o STF inclina-se pela tese de aplicabilidade imediata dos direitos fundamentais às relações privadas. No entanto, nada é dito, nos votos lançados nos julgamentos dessas duas causas, acerca da aplicação de direitos fundamentais às relações privadas.(55) Os direitos fundamentais simplesmente foram aplicados.

Igual conclusão se chega se se analisar as decisões do TST. Exemplificando, pode-se citar o julgado no RR n. 462.488/1998(56), no qual se declarou a nulidade de demissão ocorrida em razão de idade, por vulnerar os arts. 5º, *caput*, e 7º, inciso XXX, da CF. Nesse julgamento, os direitos fundamentais são aplicados às relações privadas.

Por sua vez, o TRT da 13ª Reg. assim julgou em acórdão da lavra do juiz *Carlos Coelho*:

> CONVENÇÃO COLETIVA. CONTRIBUIÇÃO SINDICAL. NULIDADE. É nula a parte da cláusula de convenção coletiva que prevê desconto no salário do empregado não sindicalizado a título de contribuição sindical, eis que atenta contra a liberdade de associação de sindicalização, prevista no artigo 8º, inciso V, da Constituição Federal.(57)

De tal arte, aceita a tese de aplicabilidade imediata dos direitos fundamentais às relações privadas no Brasil, como parece ser a tendência da jurisprudência pátria sumariamente examinada, teremos um direito do trabalho completamente novo, a

---

(54) PEREIRA, Jane Reis Gonçalves. Apontamentos sobre a aplicação das normas de direito fundamental nas relações jurídicas entre particulares. In: BARROSO, Luís Roberto (Org.). *A nova interpretação constitucional.* Rio de Janeiro: Renovar, 2003. p. 119-192.

(55) *Ibidem*, p. 178-180.

(56) TRIBUNAL SUPERIOR DO TRABALHO. Ac. TST – 5ª T – RR n. 462.888/1998.0, julgado em 10 de setembro de 2003. Rel. juiz convocado André Luís Moraes de Oliveira. Disponível em: <http://www.tst.gov.br/> Acesso em: 7 mar. 2005.

(57) TRIBUNAL REGIONAL DO TRABALHO. Ac. TRT 13ª R. – AA n. 058836/99. Rel. Juiz Carlos Coelho. Disponível em: <www.trt13.gov.br> Acesso em: 7 jun. 2005.

mitigar, como no caso concreto julgado no mencionado RR n. 462.488/1998, o clássico direito potestativo do empregador de demitir livremente seu empregado. Assim, pode-se concluir, em consonância com o Tribunal do Trabalho alemão, o seguinte:

> Em verdade, nem todos, mas uma série de direitos fundamentais destinam-se não apenas a garantir os direitos de liberdade em face ao Estado, mas também a estabelecer as bases essenciais da vida social. Isso significa que disposições relacionadas com direitos fundamentais devem ter aplicação direta nas relações privadas entre os indivíduos. Assim, os acordos de direito privado, os negócios e atos jurídicos não podem contrariar aquilo que se convencionou chamar de ordem básica ou ordem pública.(58)

Sim, tem-se no Brasil a aplicação imediata dos direitos fundamentais às relações privadas.(59) Por outro lado, mesmo se eventualmente for adotada a tese de aplicabilidade apenas mediata dos direitos fundamentais às relações privadas pelo STF, a revolução no direito do trabalho também se opera. Para chegar a tal conclusão, suficiente ler a seguinte doutrina citada pelo atual Ministro do STF, *Gilmar Mendes*:

> O problema da colisão de direitos fundamentais coloca-se também aqui de forma freqüente: a liberdade de contratar integra os direitos fundamentais de desenvolvimento da personalidade e de propriedade. Por isso, ela deve ser contemplada como elemento constitucional na avaliação jurídica dos contratos. O estabelecimento de vínculos contratuais com base na autonomia privada relaciona-se, pois, com o exercício de direitos fundamentais. Exatamente na assunção de obrigações contratuais reside uma forma de exercício de direitos fundamentais que limita a liberdade para o futuro. A livre escolha de profissão e o seu livre exercício são concretizados dessa forma.(60)

De tal arte, armado está o quadro para se demonstrar a necessária mudança de paradigmas da teoria geral do direito do trabalho, decorrente do influxo da correlação existente entre o modelo de Estado democrático de direito, a jurisprudência de valores e a concretização dos direitos fundamentais, inclusive no campo do direito do trabalho.

No entanto, antes de se estudar esse novo direito do trabalho, é pertinente examinar um aspecto deveras relevante dos direitos fundamentais, qual seja, a sua hermenêutica, pois esta será, também, a hermenêutica do novo direito laboral.

---

(58) Conf. BAGE *apud* MENDES, Gilmar. *Direitos fundamentais:* eficácia das garantias constitucionais nas relações privadas — análise da jurisprudência da corte constitucional alemã. Direitos fundamentais e controle de constitucionalidade, cit., p. 221.

(59) Refute-se, aqui, a tese de que, em caso da adoção da teoria da aplicação imediata dos direitos fundamentais, haveria negação da autonomia da vontade. Em verdade, pelo sistema de aplicação imediata dos direitos fundamentais, a autonomia da vontade deverá ser mais um direito fundamental a ser ponderado e sopesado, podendo preponderar, ou não, sobre outros, tudo a depender do caso concreto. Conf. VENEGAS GRAU, Maria. *Derechos fundamentales y derecho privado:* los derechos fundamentales en las relaciones entre particulares y el principio de autonomia privada. Madri: Marcial Pons, 2004. p. 212-213.

(60) RÜFNER. Die subjekte der freiheitsrechte *apud* MENDES, Gilmar. *Direitos fundamentais:* eficácia das garantias constitucionais nas relações privadas — análise da jurisprudência da corte constitucional alemã. Direitos fundamentais e controle de constitucionalidade, cit., p. 219-220.

# Capítulo 2

# HERMENÊUTICA DOS DIREITOS FUNDAMENTAIS NO ESTADO DEMOCRÁTICO DE DIREITO

## 2.1. Estado democrático de direito e sua correlação com uma hermenêutica concretizadora — diferenciada — dos direitos fundamentais

Consoante se pode inferir da leitura desta tese, da adoção do modelo do Estado democrático de direito decorrem duas importantes modificações nas normas infraconstitucionais, inclusive trabalhistas. Primeiro: toda legislação posterior ao advento da nova ordem jurídica deve ser com ela compatível. Segundo: toda legislação anterior ao advento do novo modelo de Estado deve ser interpretada de forma diversa, ou seja, concretizando o novo modelo estatal.[(1)]

Pertinente, nesse passo, transcrever a seguinte lição de *Willis Santiago Guerra Filho*:

> De acordo com esse padrão, próprio das constituições que, como a nossa, se propõem a instaurar um 'Estado democrático de direito' (CR, 1º, *caput*), ocupa posição central à consagração de 'Direitos e Garantias Fundamentais.'[(2)]

Tal perspectiva ocasiona uma re-interpretação de todo o direito pátrio.[(3)] E esse viés, a adoção do Estado democrático de direito, implica um compromisso de concretização dos direitos fundamentais.[(4)]

Todavia, a hermenêutica dos direitos constitucionais e, entre eles, dos direitos fundamentais, difere da hermenêutica das normas infraconstitucionais.

E isso ocorre em razão da ontológica imprecisão das normas constitucionais. *Carlos Maximiliano*, ainda no primeiro quartel do século passado, apontava esta característica da hermenêutica constitucional pontificando:

(1) Por este motivo, é necessário se pensar na constitucionalização do direito do trabalho.

(2) GUERRA FILHO, Willis Santiago. *Processo constitucional e direitos fundamentais*, cit., p. 32.

(3) *Ibidem*, p. 31.

(4) Aliás, consoante amplamente demonstrado, quando se trabalha a correlação existente entre o Estado democrático de direito e a concretização dos direitos fundamentais, insere-se, nesta visão, a necessária tutela da dignidade da pessoa humana da qual deriva, em tese, todo o ordenamento jurídico. Conf. HÄBERLE, Peter. A dignidade humana como fundamento da ordem estatal. In: SARLET, Ingo Wolfgang (Coord.). *Dimensões da dignidade*. Ensaios de filosofia do direito e direito constitucional, cit., p. 99-100.

A técnica de interpretação muda, desde que se passa das disposições ordinárias para as constitucionais, de alcance mais amplo, por sua própria natureza e em virtude do objetivo colimado redigidas de modo sintético, em termos gerais.[5]

Nesse mesmo sentido, apontando a razão e a necessidade de uma hermenêutica constitucional diferenciada, cite-se o escólio de *Ana Cândida de Ferraz*:

> Uma Constituição se presume obra comum de todos os órgãos e forças vivas da nação, que nela encerram princípios dominantes, disposições fundamentais, desprovidas ou quase desprovidas de conteúdo preciso, deliberadamente vagas, que deixam larga margem de interferência e complementação, na organização fundamental do Estado, aos órgãos que devem observá-la, respeitá-la, cumpri-la e aplicá-la.[6]

De fato, a hermenêutica das normas de direito fundamental (e de todas as normas constitucionais) deve ser uma hermenêutica concretizadora. Pois, em regra, as normas constitucionais são conceitos jurídicos indeterminados, como é, por exemplo, o Estado democrático de direito.

Em conseqüência, ensina *Hesse*, interpretar a Constituição é concretizá-la.[7] Se assim não for poder-se-á questionar se as normas constitucionais, de fato, são normas jurídicas, pois se irá renunciar a pretensão normativa da Constituição.

Esta é a primeira faceta a ser considerada pelo intérprete e pelo operador do direito constitucional (interpretação concretizante). Por pertinente, transcreve-se a seguinte lição de *Flávia de Almeida Viveiros de Castro*:

> A interpretação constitucional é vista como concretização e, neste sentido, ela tem caráter criativo: o conteúdo da norma interpretanda só se torna completo com sua interpretação.[8]

Contudo, essa faceta concretizadora da interpretação das normas de direito fundamental não é o único fator pretensamente diferencial da hermenêutica dessas normas.[9] Não. Há outro fator decisivo: o necessário sopesamento entre direitos fundamentais em tensão (colisão), a ser procedido pelo operador do direito por ocasião de efetivar a Constituição e os direitos fundamentais.

---

(5) MAXIMILIANO, Carlos. *Hermenêutica e aplicação do direito.* 18. ed. Rio de Janeiro: Forense, 2000. p. 304.

(6) FERRAZ, Anna Cândida da Cunha. *Processos informais de mudança da Constituição.* São Paulo: Max Limonad, 1986. p. 22.

(7) HESSE, Konrad. *Elementos de direito constitucional da República Federal da Alemanha*, cit., p. 61.

(8) CASTRO, Flávia de Almeida Viveiros de. *Interpretação constitucional e prestação jurisdicional.* Rio de Janeiro: Lumen Júris, 2000. p. 60.

(9) Sobre as tarefas da interpretação constitucional, Häberle especifica-as ao afirmar: "Como tarefas devem ser mencionadas: justiça, eqüidade, equilíbrio de interesses, resultados satisfatórios, praticabilidade, justiça material, segurança jurídica, previsibilidade, transparência, capacidade de consenso, clareza metodológica, abertura, formação de unidade, 'harmonização', força normativa da Constituição, correção funcional, proteção efetiva da liberdade, igualdade social, ordem pública voltada para o bem comum". Conf. HÄBERLE, Peter. *Hermenêutica constitucional.* A sociedade aberta dos intérpretes da Constituição: contribuição para a interpretação pluralista e procedimental da Constituição. Tradução: Gilmar F. Mendes. Porto Alegre: Sérgio Antônio Fabris, 1997. p. 11. Nesse passo, pode-se parodiar Dworkin e denotar a hercúlea missão do intérprete constitucional.

Dissecar-se-á, oportunamente, essa afirmação. No entanto, por uma questão de ordem, antes de se aprofundar no estudo da hermenêutica das normas de direito fundamental, precisa-se examinar a questão relativa à ontologia dessas normas.

## 2.2. Ontologia das normas de direitos fundamentais

Quando se estuda o conceito de direito fundamental adotado nesta tese — Parte II, capítulo 1, tópico 1.2 — esposa-se que os direitos fundamentais são os direitos humanos positivados — reconhecidos — pelo Estado.(10)

Tem-se, assim, uma primeira aproximação: as normas de direito fundamental seriam normas constitucionais. Aprofundando reflexões, relembre-se decisão da Corte Constitucional alemã citada por *Robert Alexy*:

> *De acuerdo con la jurisprudência permanente del Tribunal Constitucional Federal, las normas iusfundamentales contienen no sólo derechos subjetivos de defensa del individuo frente al Estado, sino que representa, al mismo tiempo, um orden valorativo objetivo que, em tanto decisión básica jurídico-constitucionale, vale para todos los ámbitos del derecho y proporciona directrices e impulsos para la legislación, la administración y la justicia.*(11)

Ou seja, os direitos fundamentais compõem uma ordem valorativa.(12) São valores reconhecidos (positivados) pelo Estado. As palavras de *Willis Santiago Guerra Filho* resumem o exposto neste tópico:

> Já se torna cada vez mais difundido entre nós esse avanço fundamental da teoria do direito contemporânea, que, em uma fase pós-positivista, com a superação da antítese entre positivismo e jusnaturalismo, distingue normas jurídicas que são regras, em cuja estrutura lógico-deôntica há a descrição de uma hipótese fática e a previsão da conseqüência jurídica de sua ocorrência, daquelas que são princípios, por não trazerem semelhante descrição de situações jurídicas, mas sim a prescrição de um valor, que assim adquire validade jurídica objetiva, ou seja, em uma palavra, positividade.(13)

No rastro de *Robert Alexy* e *Willis Santiago Guerra Filho*, cabe lançar a seguinte questão: como os direitos fundamentais são reconhecidos pela ordem jurídica?

---

(10) Não se trata, portanto, como especificado alhures, de debater a ontologia dos direitos sociais. Não. Cuida-se, apenas, de averiguar a ontologia dos direitos fundamentais. Tal afirmação ficará plenamente elucidada ao longo do pensamento desenvolvido neste tópico.

(11) ALEXY, Robert. *Teoría de los derechos fundamentales*, cit., p. 81.

(12) É essa ordem objetiva de valores que fundamenta o dever dos particulares com a concretização dos direitos fundamentais. No campo do direito do trabalho, não se pode conceber o salário tão-somente como um custo, mas, sim, como um meio de assegurar a sobrevivência condigna do trabalhador e de sua família, pois a Constituição — espelhando valores objetivos — determina o uso social da propriedade e da empresa. A doutrina do professor Dunnet ensina que esta visão — salário como custo — é defendida por muitos economistas. Conf. DUNNET, Andrew. *Para compreender a economia*. Tradução: Maria Adelaide Carvalho. Lisboa: Fundação Calouste Gulbenkian, 1990. p. 206-207.

(13) GUERRA FILHO, Willis Santiago. *Processo constitucional e direitos fundamentais*, cit., p. 51-52.

Para responder a essa indagação, necessário foi realizar uma verdadeira revolução na ciência do direito, pois se passou a ter dois tipos de normas jurídicas: a norma-regra e a norma-princípio, aliás, como aponta *Willis Santiago Guerra Filho* na lição retrotranscrita.(14)

Recorre-se, uma vez mais, à doutrina de *Canotilho* para clarificar a questão:

> A teoria da metodologia jurídica tradicional distinguia entre normas e princípios *(Norm-prinzip, Principles rules, Norm und Grundsatz)*. Abondonar-se-á aqui essa distinção para, em sua substituição sugerir: 1. as regras e princípios são duas espécies de normas; 2. a distinção entre regras e princípios é uma distinção entre duas espécies de norma.(15)

Discorrendo acerca da importância da existência dessa diferenciação entre as duas espécies de norma jurídica para a teoria dos direitos fundamentais, *Robert Alexy* pontifica:

> *Para la teoría de los derechos fundamentales, la más importante es la distinción entre regras y principios. Ella constituye la base de la fundamentación iusfundamental y es una clave para la solución de problemas centrales de la dogmática de los derechos fundamentales.*(16)

Pois bem. Qual seria o motivo de tamanha importância dada por *Robert Alexy* à distinção entre normas-regras e normas-princípios? E mais, qual seria o fator diferencial existente entre esses dois tipos de normas jurídicas?

Para responder a tais indagações, retorne-se ao trilho das lições de *Robert Alexy*. Aduz o citado professor acerca da ontologia das normas jurídicas: *"La distinción entre reglas y princípios es pues uma distinción entre los tipos de normas"*.(17)

Concluindo a lição, *Robert Alexy* sentencia que a diferença entre regras e princípios é qualitativa, pois os princípios são mandados de otimização. Ou seja, os princípios devem ser realizados na maior medida possível. Nesse esteio, para o cumprimento dos princípios, existem limites jurídicos (colisão com outros princípios) e fáticos (reais).(18)

---

(14) Tal posição, conquanto unânime na hodierna doutrina, nunca foi aceita por Kelsen. Para o mestre de Viena, os princípios não eram normas jurídicas, pois esses não seriam obrigatórios. Nas palavras finais de Kelsen: *"Los princípios de la moral, la politica o las costumbres, que influyen en el individuo que ejerce su función de generar derecho son, junto con otros factores, motivaciones del legislador, del juez o del órgano administrativo; y conforme al derecho positivo estas motivaciones non son obligatorias. Por eso, tales principios no tienen el carater de normas juridicas."* KELSEN, Hans. *Teoría general de las normas*. Tradução: Hugo Carlos Delory Jacobs. México: Trillaas, 1994. p. 125.

(15) CANOTILHO, J. J. Gomes. *Direito constitucional e teoria da Constituição*. 3. ed. Coimbra: Almedina, 1999. p. 1086.

(16) ALEXY, Robert. *Teoría de los derechos fundamentales*, cit., p. 81.

(17) *Ibidem*, p . 83.

(18) *Ibidem*, p. 86-87.

As normas-regras, ao contrário, só podem ser consideradas válidas se cumpridas.[19] Assim sendo, uma norma-regra, se válida, deve ser cumprida exatamente como disposta, ensina o doutrinador ora em estudo.[20] Um princípio, não.

Ou seja, admite-se o cumprimento parcial de um princípio quando há tensão (colisão) com outro princípio. Noutras palavras, um princípio pode preponderar sobre outro, sem lhe macular a validade. Tudo será decidido em razão do caso concreto.

De tal arte, acolhendo toda a lição expandida neste tópico, pode-se definir os direitos fundamentais como princípios (valores reconhecidos e positivados pelo Estado) e, dessa forma, compreendê-los como mandados de otimização.[21]

Tudo isso não afasta, contudo, outra faceta do polissêmico termo princípios. Pois, também, pode-se entender os princípios como elementos informadores da autonomia científica de um ramo da ciência do direito.[22]

Realizado esse pequeno corte epistemológico, retorne-se ao fio da meada. Examine-se a hermenêutica dos direitos fundamentais, ou seja, dos valores reconhecidos e proclamados pelo Estado como essenciais e, por este motivo, positivados.

## 2.3. Hermenêutica dos direitos fundamentais

Examinar-se-á, agora, um aspecto deveras relevante da teoria dos direitos fundamentais, qual seja, a forma e o modo como a concreção dessa espécie normativa ocorre. Ressaltar-se-á, entretanto, uma primeira questão a ser enfrentada: a possibilidade de ocorrência de tensão (antinomia ou colisão) entre normas de direito fundamental.

Entretanto, é necessária uma advertência preliminar: quando se lida com a possibilidade de ocorrência de tensão (conflito) entre normas de direito fundamental, não se está a lidar com um conflito de normas de hierarquia diferenciada e, tampouco, de normas que se tornaram vigentes (nasceram, por assim dizer) em momentos diferentes. Não.

Quando se lida com o conflito (tensão) entre normas de direito fundamental, comumente, se lida com normas de igual valor (peso) normativo.[23] De igual sorte, em regra, trata-se de normas contemporâneas, ou seja, nascidas — reconhecidas — no bojo de uma mesma Constituição.

(19) Daí se afirmar que o conflito entre normas-regras ocorre no âmbito da validade. Ou seja, se duas normas-regras se conflitam e podem reger, em tese, a mesma situação fática, apenas uma das duas normas será válida dentro do mesmo ordenamento jurídico. Conf. FARIAS, Edilsom P. de. *Colisão de direitos*. A honra, a intimidade, a vida privada e a imagem *versus* a liberdade de expressão e informação. 2. ed. Porto Alegre: Sérgio Antônio Fabris, 2000. p. 119.

(20) ALEXY, Robert. *Teoría de los derechos fundamentales*, cit., p. 87.

(21) ALEXY, Robert. *Epílogo a la teoría de los derechos fundamentales*. Tradução: Carlos Bernal Pulido. Madri: Centro de Estudios Constitucionales, 2004. p. 13.

(22) Desta outra visão dos princípios, cuidar-se-á quando se questionar os princípios do direito do trabalho clássico.

(23) Há de se relembrar, nesse passo, que o STF rejeita a tese de existência de hierarquia entre normas constitucionais originárias. Todas são válidas e devem ser interpretadas sistematicamente. Nesse norte, para o STF, apenas as

Ou mais, acaso se adote a doutrina de *Bachof*, se lida com normas supralegais. Em suma, está-se diante, em tese, de normas que não perdem a sua vigência.[24] Aliás, a leitura do disposto no art. 60, § 4º, inciso IV, autoriza tal conclusão. Diante de tal quadro, a hermenêutica clássica torna-se inútil.

Deveras, o conflito ou a tensão entre normas de direito fundamental não é tão-somente aparente como ocorre na hermenêutica das normas infraconstitucionais, em que, ao fim e ao cabo, apenas uma norma jurídica será aplicada ao caso concreto. Na hermenêutica dos direitos fundamentais a tensão (colisão) é real.

## 2.4. Hermenêutica das normas infraconstitucionais: hermenêutica clássica

A hermenêutica clássica foi maturada nos primórdios do positivismo jurídico e embasa-se em um fundamento: completude do ordenamento jurídico.

Nessa compreensão, o ordenamento jurídico é um sistema completo de normas jurídicas a fornecer, sempre, critérios para que o juiz decida um caso posto em julgamento. Desse modo, o juiz não pode recusar-se a julgar determinado feito alegando a inexistência de norma jurídica.

Tal realidade foi espelhada no art. 4º do Code, cuja redação é a seguinte: "O Juiz que se recusar a julgar sob o pretexto de silêncio, da obscuridade ou da insuficiência da lei, poderá ser processado como culpável de justiça denegada." Este dispositivo, ensina *Norberto Bobbio,* findou por sacramentar, e ser equivocadamente sacramentado pela Escola da Exegese, sendo seguido por diversos ordenamentos jurídicos.[25] É a proibição de *non liquet*.

Ainda no escólio do citado doutrinador italiano, da solução adotada pelo positivismo jurídico decorre, primeiro, o princípio da onipotência do legislador[26] e, segundo, o princípio da completude do ordenamento jurídico.[27]

---

normas constitucionais advindas por meio de Emenda à Constituição são passíveis de controle de constitucionalidade, se houver violação à cláusula pétrea. Nesse sentido, cite-se, como precedente, a Adin 939-DF, relatada pelo Min. Sidney Sanches. SUPREMO TRIBUNAL FEDERAL. Ac. STF – Pleno – Proc. Adin n. 939-DF. Rel. Min. Sidney Sanches, julgada em 15 de dezembro de 1993.

(24) Ao se utilizar a expressão direito supralegal, está-se a relembrar as idéias de Bachof, para quem as normas de direito natural seriam reconhecidas e declaradas pelo Estado. Defendendo, nesta linha de pensar, que essas normas supralegais deveriam prevalecer, em caso de conflito, ante as normas constitucionais. O direito natural seria, assim, direito constitucional, seria Constituição em sentido material. Conf. BACHOF, Otto. *Normas constitucionais inconstitucionais?* Tradução: José Manuel Cardoso da Costa. Coimbra: Almedina, 1994, *passim*.

(25) BOBBIO, Norberto. *O positivismo jurídico:* lições de filosofia do direito.Tradução: Márcio Pugliesi. São Paulo: Ícone, 1995. p. 73-74.

(26) Acerca da onipotência do legislador nesse momento da ciência do direito, é interessante relembrar a lição de Paula Baptista, em livro escrito em 1872, ao discorrer sobre a importância da hermenêutica jurídica. Diz o professor da Faculdade de Direito do Recife: "A sua importância e autoridade é imensa, e deriva do interesse público, que exige que as leis tenham aplicação fiel ao pensamento do legislador". BAPTISTA, Paula. *Compêndio de hermenêutica jurídica.* Clássicos do Direito Brasileiro. São Paulo: Saraiva, 1984. p. 3.

(27) BOBBIO, Norberto. Ob. cit., p. 74.

Evidentemente, tal pretensão de onipotência do legislador resultou em um malogro. Daí, forçosamente, os cultores da Escola da Exegese foram obrigados a aceitar uma solução paliativa. Na hipótese de inexistência de norma legal regendo o caso concreto, o juiz deveria — poderia — recorrer aos princípios gerais do direito. Noutros termos, as normas jurídicas podem ser incompletas, mas o ordenamento jurídico teria a pretensão de completude.

E assim sendo, em tempos priscos, os princípios tinham uma função meramente supletiva (eram aplicáveis na remota hipótese de omissão legal) ou material (antigo conceito de fonte material de direito), pois inspiravam o legislador.

Nesse superado pensar, os princípios não eram considerados normas jurídicas. Só havia uma espécie normativa: a norma-regra, pois só esta era obrigatória, aliás, como sempre defendeu *Kelsen*[28].

Por essa visão, a hermenêutica clássica solucionava apenas um tipo de antinomia entre normas jurídicas, qual seja, a antinomia entre normas-regras. Deveras, se os princípios não eram normas jurídicas, pois deles não nasciam direitos e obrigações, não haveria de lhes ser necessária uma hermenêutica. Era essa, em síntese, a linha de pensar tradicional.

Todavia, na hipótese de conflito entre normas-regras, pode-se dizer que não há um conflito (antinomia) real, pois apenas uma norma-regra será, ao cabo, aplicada ao caso concreto. E para saber qual norma jurídica irá reger o caso concreto, basta recorrer a critérios maturados pela hermenêutica clássica.

Volta-se à lição de *Norberto Bobbio*. Este pensador italiano discorre sobre os três critérios utilizados pela hermenêutica clássica para resolução das antinomias entre as normas jurídicas: a) critério cronológico; b) critério hierárquico; e c) critério da especialidade.[29]

Primeiro, há o critério cronológico, que se resume, *grosso modo*, ao brocardo: *lex posterior derogat priori*. Ou seja, a lei posterior derroga a anterior.

O segundo critério, o hierárquico, estabelece: *lex superior derogat inferiori*. Noutras palavras, a lei de hierarquia superior derroga a de hierarquia inferior ou sobre esta prevalece.

Já o critério da especialidade fixa o seguinte axioma: *lex specialis derogat generali*. Dessa forma, conclui-se: a lei especial derroga a lei geral.

Como se sabe, esses três critérios foram adotados pelo ordenamento jurídico brasileiro. Assim, no Brasil, para saber qual norma infraconstitucional regerá o caso concreto, basta recorrer às normas hermenêuticas clássicas positivadas no

---

(28) KELSEN, Hans. *Teoría general de las normas*. Tradução: Hugo Carlos Delory Jacobs. México: Trillaas, 1994. p. 125.

(29) BOBBIO, Norberto. *Teoria do ordenamento jurídico*. 10. ed. Tradução: Maria C. dos Santos. Brasília: UNB, 1997. p. 92-97.

art. 4º da LICC. Daí se dizer que o conflito entre normas infraconstitucionais é aparente.(30)

Contudo, esse regramento não se aplica quando há tensão entre princípios constitucionais. Diz-se que, neste caso, o conflito (colisão) é real.

## 2.5. Hermenêutica (e ontologia) das normas de direito fundamental

Consoante já pincelado nesta tese, quando há conflito (tensão) entre direitos fundamentais, não há como ser utilizado o parâmetro da hierarquia (quando norma de hierarquia superior prepondera sobre norma de hierarquia inferior) ou o parâmetro temporal (norma posterior revoga a anterior naquilo que lhe for contrária), pois os direitos fundamentais possuem igual hierarquia normativa e, em regra, são reconhecidos — declarados — no bojo da mesma Constituição.

Afasta-se, também, o critério da especialidade, pois as normas de direito fundamental são normas, ontologicamente, indeterminadas (gerais), devendo ser aplicadas ao maior número de situações fáticas possível.

Então, como poderá o aplicador do direito do trabalho agir quando, diante de um caso concreto, por exemplo, a liberdade individual (autonomia da vontade) chocar-se com o direito à saúde? Ou seja, como julgar acertadamente quando dois direitos fundamentais colidirem?

A hermenêutica dos direitos fundamentais responde a essas questões. Mas, antes disso, cabe, primeiro, relembrar a ontologia dos direitos fundamentais, que são valores positivados — reconhecidos — pelo ordenamento jurídico. Desta forma, os princípios hão de ser considerados mandados de otimização, ensina *Robert Alexy* em lição já citada.

Destarte, não se aplica aos direitos fundamentais a regra do tudo ou nada.(31) Nessa esteira, Recorre-se ao escólio de *Canotilho*:

> [...] a convivência dos princípios é conflitual *(Zagrebelsky)*, a convivência entre regras é antinômica; os princípios coexistem, as regras antinômicas

(30) Contudo, para o mencionado pensador italiano, a antinomia entre normas-regras também pode ser real. Não será tratada esta questão, que foge ao tema desta tese. Acerca da possibilidade de antinomias reais entre normas-regras, consulte-se BOBBIO, Norberto. *Teoria do ordenamento jurídico*. 10. ed. Tradução: Maria C. dos Santos. Brasília: UNB, 1997. p. 97-105.

(31) Embora sigam uma linha um pouco diversa, as conclusões de Dworkin coincidem. É sempre proveitoso recorrer às lições deste professor. Transcreve-se, portanto: "A diferença entre princípios jurídicos e regras jurídicas é de natureza lógica. Os dois conjuntos apontam para decisões particulares acerca da obrigação jurídica em circunstâncias específicas, mas distinguem-se quanto à natureza da orientação que oferecem. As regras são aplicáveis à maneira do tudo-ou-nada. Dados os fatos que uma regra estipula, então ou a regra é válida, e neste caso a resposta que ela fornece deve ser aceita, ou não é válida, e neste caso em nada contribui para decisão". Conf. DWORKIN, Ronald. *Levando os direitos a sério*. Tradução: Nelson Boeira. São Paulo: Martins Fontes, 2002. p. 39.

excluem-se. [...]. Como se verá adiante, em caso de conflito entre princípios, estes podem ser objeto de ponderação, de harmonização [...].[32]

Eis o norte da interpretação dos direitos fundamentais: ocorrendo tensão entre esses, o aplicador do direito deve tentar harmonizá-los. Noutras palavras, deve tentar maximizar os dois direitos em conflito (tensão), não lhes aplicando a regra do tudo ou nada. Ou seja, duas normas-princípios devem regular o máximo possível o mesmo caso concreto.[33] E, em cada caso concreto, onde houver tensão, um direito fundamental poderá preponderar sobre outro.

Mas isso — quando um direito fundamental prepondera sobre outro — não pode significar a supressão do outro direito fundamental. Ambos continuam vigentes e válidos e devem, pela lógica dos direitos fundamentais, ser maximizados — otimizados —, na medida do possível, pelo aplicador e concretizador do direito.

Aliás, a depender das particularidades de cada caso concreto, um direito fundamental que, numa dada hipótese fática, possa ter sido preterido, pode, noutra situação, preponderar. Ou seja, é o caso concreto que determinará o direito fundamental que, eventualmente, prevalecerá sobre outro direito fundamental, pois apenas as especiais circunstâncias fáticas da hipótese *sub judice* poderão fornecer critérios para que se encontre a solução hermenêutica correta (mais justa).

Como mote de retorno ao direito do trabalho (a este novo direito em que a tensão entre direitos fundamentais há de ser melhor compreendida), recorre-se à seguinte lição de *Sandra Lia Simón*:

> É, portanto, o grau de generalidade da proteção constitucional que permite solucionar com maior acerto, a colisão entre os direitos do empregado e do empregador. *Isso porque, como visto por ocasião do estudo das regras básicas para a solução da colisão de direitos, é imprescindível a análise do caso concreto. Assim, o regramento constitucional genérico, mais a doutrina, a jurisprudência e o direito comparado e a analogia, é possível tutelar, nos dias de hoje, o direito à intimidade e à vida privada do empregado, no Brasil, sem necessidade — pelo menos em princípio — de um diploma legal específico.* (grifo nosso)[34]

Portanto, ante o conflito — tensão — entre direitos fundamentais, o aplicador do direito não deve se curvar à regra do tudo ou nada como só ocorre na hermenêutica das normas infraconstitucionais. Ao contrário, o aplicador do direito,

(32) CANOTILHO, J. J. Gomes. *Direito constitucional e teoria da Constituição*, cit., p. 1087.

(33) É interessante observar que dois princípios da hermenêutica constitucional confluem neste caso. Primeiro, o princípio da máxima eficácia possível, que pode ser assim resumido: todas as normas existentes em uma Constituição são jurídicas. Nas palavras de Bastos: "Não se pode esvaziar por completo o conteúdo de um artigo, qualquer que seja, pois isto representaria uma forma de violação da Constituição". Ainda no escólio do professor paulista, do mencionado princípio decorre o princípio da harmonização, ou seja, "através do princípio da harmonização se busca conformar as diversas normas ou valores em conflito no texto constitucional, de forma que se evite a necessidade de exclusão (sacrifício) total de um ou algum deles". BASTOS, Celso Ribeiro. *Hermenêutica e interpretação constitucional*. 3. ed. São Paulo: Celso Bastos Editor, 2002. p. 175-179.

(34) SIMÓN, Sandra Lia. *A proteção constitucional da intimidade e da vida privada do empregado*. São Paulo: LTr, 2000. p. 127.

imbuído na tarefa de concretizar a Constituição, deverá sopesar os direitos fundamentais em tensão, conciliando-os e conferindo-lhes a maior efetividade possível (os princípios são mandados de otimização).

E, por fim, é levando em consideração as particularidades do caso concreto posto em julgamento que o julgador deverá decidir qual direito fundamental irá, eventualmente, preponderar.

Nesse passo, será transcrito o seguinte trecho do voto do Ministro do STF, *Celso de Mello*, proferido nos autos do MS n. 21729:

> Com a evolução do sistema de tutela constitucional das liberdades públicas, dilataram-se os espaços de conflito em cujo âmbito antagonizam-se, em função de situações concretas emergentes, posições jurídicas revestidas de igual carga de positividade normativa.
>
> Vários podem ser, dentro desse contexto excepcional de conflituosidade, os critérios hermenêuticos destinados à solução das colisões de direitos, que vão desde o estabelecimento de uma ordem hierárquica pertinente aos valores constitucionais tutelados, passando pelo reconhecimento do maior ou menor grau de fundamentalidade dos bens jurídicos em posição de antagonismo, até a consagração de um processo que, privilegiando a unidade e a supremacia da Constituição, viabilize — a partir da adoção "de um critério de proporcionalidade na distribuição dos custos do conflito" (JOSE CARLOS VIEIRA DE ANDRADE, op. loc. cit.) — a harmoniosa composição dos direitos em situação de colidência.
>
> Ainda que sem conotação de regra absoluta, e especialmente à vista da situação registrada na espécie destes autos — em que o direito individual à preservação do sigilo opõe-se a um bem jurídico de valor coletivo (a primazia do interesse público subjacente à tutela dos direitos metaindividuais ou à investigação, à persecução criminal e à repressão aos delitos em geral) — torna-se relevante admitir, no que concerne à superação do conflito entre direitos fundamentais, a adoção de critério que, fundado em juízo de ponderação e de valoração (J. J. COMES CANOTILHO, "Direito Constitucional", p. 660/661, 5. ed., 1991, Livraria Almedina, Coimbra; JOSÉ CARLOS VIEIRA DE ANDRADE, "Os Direitos Fundamentais na Constituição Portuguesa de 1976", p. 220/224, 1987, Livraria Almedina, Coimbra), faça prevalecer, em face das circunstâncias concretas, o direito vocacionado à plena elucidação da verdade real e da pesquisa referente aos fatos qualificados pela nota da ilicitude jurídica.[35]

Em verdade, rejeitada a tese de existência de hierarquia entre normas constitucionais pelo STF, resta a aplicação do princípio da proporcionalidade, como orienta a doutrina de *Canotilho*, acatada no voto acima transcrito. Nesse mesmo viés, *Willis Santiago Guerra Filho* pontifica:

> Ao contrário dessas, também se verifica que os princípios podem se contradizer, sem que isso faça qualquer um deles perder a sua validade jurídica e ser derrogado. É exatamente numa situação em que há conflito entre princípios,

---

(35) SUPREMO TRIBUNAL FEDERAL. Ac. STF – Pleno – Proc. MS n. 21729-4, julgado em 5 de outubro de 1995, voto do Min. Celso de Mello. Disponível em: <http://www.stf.gov.br/Jurisprudencia/> Acesso em: 13 jun. 2005.

ou entre eles e regras, que o princípio da proporcionalidade (em sentido estrito ou próprio) *mostra sua grande significação, pois pode ser usado como critério para solucionar da melhor forma o conflito, otimizando a medida em que se acata prioritariamente um e desatende o mínimo possível o outro princípio.* (grifo nosso)[36]

Fornecidos alguns parâmetros de aplicação dos direitos fundamentais às relações privadas, e examinada a ontologia e a hermenêutica desses direitos, cabe cuidar da especificação das interações dos direitos fundamentais no direito do trabalho.

## 2.6. Hipóteses de conflito entre direitos fundamentais no âmbito do direito do trabalho (primeira aproximação)

Quando se estuda a aplicação das normas de direito fundamental às relações trabalhistas, afasta-se, primeiramente, a arcaica tese de que as liberdades públicas não alcançariam o ambiente da empresa. Como ensinam *Antônio Baylos*[37] e o Tribunal Constitucional da Espanha (TC 788/1985)[38], as manifestações de "feudalismo industrial" são incompatíveis com o Estado democrático de direito.

Indubitavelmente, conclui-se, pois: no Brasil, um Estado democrático de direito, aplicáveis são os direitos fundamentais do empregado dentro dos umbrais da empresa.

Isso considerado constata-se o seguinte: se examinados os precedentes jurisprudenciais sobre o tema — aplicação dos direitos fundamentais nas relações de trabalho — aqui e alhures, irá se encontrar vários julgamentos trabalhistas, nos quais, empiricamente, houve tensão entre direitos fundamentais. Aqui, acolá, e em uma crescente ocorrência, portanto, aplicaram-se os direitos fundamentais no âmbito das relações de trabalho.

Todavia, a doutrina e a jurisprudência pátrias não se deram conta, em sua plenitude, desta interação, pois, conforme ressaltado, a aplicação dos direitos fundamentais às relações privadas ocorre de forma não sistematizada e sem maior aprofundamento teórico.[39] Mas esse fato não irá impedir o aprofundamento de reflexões. Ao contrário, avançar-se-á a fim de comprovar a interação da teoria dos direitos fundamentais com o direito do trabalho, inferindo, desta interligação, importantíssimas revisões na sua teoria geral do direito laboral.

---

(36) GUERRA FILHO, Willis Santiago. *Processo constitucional e direitos fundamentais*, cit., p.73.

(37) BAYLOS, Antônio. *Direito do trabalho:* modelo para armar, cit., p. 122.

(38) Ac. Tribunal Constitucional da Espanha – 1ª Sala – Proc. n. 788/1995, julgado em 19 de julho de 1985. Rel. Juan Maria Bibao. Disponível em: <http://www.der.uva.es/constitucional/verdugo/stc88_1985.html> Acesso em: 12 jun. 2005.

(39) Aliás, um dos objetivos desta tese é, exatamente, discutir e fornecer subsídios para uma correta aplicação dos direitos fundamentais.

A demonstração será iniciada rememorando relevante decisão da Corte Constitucional alemã, por meio da qual o princípio de proteção, em sua visão clássica, foi soterrado, pois se conferiu interpretação conforme a Constituição à lei que havia conferido estabilidade acidentária a empregados, excluindo a aplicação da referida lei quando o empregador fosse microempresa.(40) Acerca desta decisão, pronuncia-se *Canaris*:

> Assim, o Tribunal Constitucional Federal afirmou, recentemente — e a meu ver com razão —, que a Lei de Protecção contra os Despedimentos *(Kündigungsschutzgesetz)* visa satisfazer o imperativo, resultante do art 12 da LF, de proteção do trabalhador contra a perda do seu posto de trabalho; mas simultaneamente uma tal protecção contra os despedimentos constitui, por outro lado, uma limitação dos direitos fundamentais contrapostos do empregador, e em especial da sua autonomia privada.(41)

No Brasil, conforme prelecionado no tópico referente à aplicação dos direitos fundamentais às relações privadas, os direitos fundamentais são concretizados e harmonizados de forma empírica e não sistemática. Ou pior. Comumente, o operador do direito não percebe o conflito — tensão — entre direitos fundamentais existentes numa lide trabalhista. Solucionam-se conflitos entre direitos fundamentais, utilizando-se de um instrumental arcaico, gerados em um outro momento da ciência do direito.

Entretanto, o campo das relações de trabalho, notadamente em razão da flexibilização, é um palco propício ao conflito entre direitos fundamentais. Contudo, ressalte-se, a existência de tensão entre direitos fundamentais não se limita a ocorrer no fenômeno flexibilização.

Em verdade, tais conflitos ocorrem, também, em razão da natural tensão existente entre o poder de direção do empregador(42) (há contrato de trabalho quando há subordinação) e direitos fundamentais do empregado. Mas, por ora, exemplifique-se o afirmado, recorrendo às hipóteses de flexibilização.

Primeiro exemplo. É bastante comum a ocorrência de acordos coletivos do trabalho por meio dos quais se estabelece um piso salarial inferior ao dos trabalhadores menores de dezoito anos. E assim ocorre, em tese, em nome da salutar inserção do menor no mercado de trabalho. Contudo, não há como se negar, tal possibilidade afronta o disposto no art. 7º, inciso XXX, da CF vigente.

Corretamente, o TST, sempre sopesando os direitos fundamentais em tensão no caso concreto, tem decidido pela prevalência do art. 7º, inciso XXX, da CF. Como

---

(40) Desta decisão dá notícia Canaris. Conf. CANARIS, Claus-Wilhelm. *Direitos fundamentais e direito privado.* Tradução: Ingo W. Sarlet e Paulo M. Pinto. Coimbra: Almedina, 2003. p. 34.

(41) *Idem.*

(42) Será utilizada a expressão adotada por Rui Assis (poder de direção do empregador), pois, como bem percebe o mencionado autor lusitano, "tal poder se configura como uma realidade complexa e nuclear, uma verdadeira 'instituição encruzilhada'" no direito do trabalho. ASSIS, Rui. *O poder de direcção do empregador: configuração geral e problemas actuais.* Coimbra: Coimbra Editores, 2005. p. 13.

se sabe, esse dispositivo constitucional veda a existência de salário diferenciado em razão da idade. Destarte, o TST tem declarado a nulidade dessa espécie de cláusula. Nesse sentido, transcreve-se a seguinte ementa:

> PISO SALARIAL INFERIOR AO DOS DEMAIS TRABALHADORES. Nulidade de cláusula em que se contempla piso salarial inferior aos menores de 18 (dezoito) anos de idade. Vedação estabelecida no art. 7º, XXX, da Constituição Federal. Orientação Jurisprudencial n. 26 da Seção Especializada em Dissídios Coletivos deste Tribunal. Decisão regional que se mantém, no particular. DESCONTO. CONTRIBUIÇÃO ASSISTENCIAL. EMPREGADOS ASSOCIADOS. PRECEDENTE NORMATIVO Nº 119. Nulidade parcial de cláusula de convenção coletiva de trabalho em que se estipula contribuição assistencial. Ilegalidade em relação à extensão do desconto aos empregados não associados ao sindicato da categoria profissional. Recurso ordinário a que se dá provimento parcial.(43)

Nesse esteio, o TST editou a Orientação Jurisprudencial n. 26 da Seção Especializada em Dissídios Coletivos, cujo teor é o seguinte:

> 26. SALÁRIO NORMATIVO. MENOR EMPREGADO. ART. 7º, XXX, DA CF/88. VIOLAÇÃO. Os empregados menores não podem ser discriminados em cláusula que fixa salário mínimo profissional para a categoria.

Discorda-se, porém, da edição da orientação jurisprudencial em comento, pois, em casos excepcionais, tudo a depender das particularidades do caso concreto, um piso menor pode ser, teoricamente, aceito. Ou seja, dentro da lógica própria da hermenêutica dos direitos fundamentais, tal medida pode, em tese, ser aceita, se se mostrar mais razoável e mais condizente com a concretização de outros direito fundamentais.

Aliás, tal possibilidade foi sopesada pelo Ministro *Gelson Azevedo*, em voto proferido nos autos do processo acima referido (ROAA 796/2002), ao aventar da possibilidade de se aceitar piso salarial inferior, se esse vier associado, por exemplo, de "medida pedagógica, critério objetivo de prestação e tempo de serviço compatível e proporcionalidade em relação ao contingente."(44)

De fato, quando se lida com a ocorrência de tensão entre direitos fundamentais, soluções genéricas devem ser evitadas. Exemplificativamente, a contratação de menor de idade com um piso salarial inferior poderia ter motivação pedagógica — treinamento e formação de mão-de-obra —, bem como ser limitada a determinado percentual de empregados. Nesta hipótese teórica, possível seria se cogitar na constitucionalidade de cláusula normativa desse naipe. Aliás, nesse sentido já decidiu o TST em julgamento posterior à edição da OJ n. 26 da SDC(45), *in verbis*:

---

(43) TRIBUNAL SUPERIOR DO TRABALHO. Ac. TST – SDC – Proc. ROAA n. 796/2002, julgado em 14 de abril de 2005, Rel. Min.Gelson de Azevedo. Disponível em: <www.tst.gov.br> Acesso em: 8 jun. 2005.

(44) TRIBUNAL SUPERIOR DO TRABALHO. Trecho do voto do Ministro Gelson de Azevedo proferido no Ac. TST – SDC – Proc. ROAA n. 796/2002, julgado em 14 de abril de 2005. Rel. Min.Gelson de Azevedo. Disponível em: <www.tst.gov.br> Acesso em: 8 jun. 2005.

(45) De fato, a OJ de n. 26 foi inserida em 25 de maio de 1998, e o julgamento a ser examinado (ROAA n. 75.9023-2001) foi proferido em 14 de março de 2002.

PISO SALARIAL - MENORES DE DEZOITO ANOS. O presente feito não cuida de um fato gerador de dissídio individual em que um empregador não tenha observado a proibição de diferença salarial por motivo de idade, contida no inciso XXX, do artigo 7º, da Constituição da República, mas de uma norma elaborada, em patamar de igualdade, pelas entidades sindicais de empregados e de empregadores, considerando seus interesses e as peculiaridades de suas atividades. Por outro lado, a Carta Magna também agasalha princípios outros, tais como o da autonomia privada coletiva e da flexibilização (art. 7º, VI), que ampliaram a liberdade de negociação das representações sindicais, permitindo que elas assim acordem, considerando os interesses da categoria e o momento sócio-econômico. Devido ao crescente aumento do desemprego, os segmentos econômicos e profissionais vêm movimentando-se para buscar alternativas capazes de incentivar a criação de novas oportunidades de trabalho. Na hipótese, é evidente que a condição estimula a contratação de menores de dezoito anos, ao contrário da igualdade de salários que, longe de beneficiá-los, aumenta as dificuldades para esses empregados conseguirem colocação em um mercado de trabalho cada dia mais competitivo. Tratando-se de piso salarial, matéria totalmente restrita ao âmbito das negociações coletivas, os princípios supra-expendidos ganham, ainda, maior relevância para ampararem o pactuado.[46]

Tal matéria, por ser de cunho constitucional, está a merecer palavra final do STF, mas deve ser decidida, sempre, topicamente (caso a caso), levando em consideração elementos de ordem fática, não partindo, pois, de soluções tomadas *a priori*.

Segundo exemplo. Comumente, em dissídios e acordos coletivos, há embates — tensões — entre o princípio da autonomia da vontade e o direito fundamental à saúde. Ilustrativamente, transcreve-se a ementa do RR n. 1.717/1999, de lavra do Ministro *João Batista Brito Pereira*, cujo teor literal é o seguinte:

RECURSO DE REVISTA. SUPRESSÃO DO INTERVALO INTRAJORNADA POR NORMA COLETIVA. INVALIDADE. O prestígio à autonomia da vontade, decorrente do processo de flexibilização das normas trabalhistas, não autoriza as partes a alterar *in pejus* do empregado normas cogentes que têm por objetivo proteger a saúde e a segurança dele. Recurso de Revista de que se conhece e a que se dá provimento.[47]

Na hipótese acima transcrita, prevaleceu o direito fundamental à saúde sobre a autonomia da vontade. Em sentido contrário, cite-se outro julgado (RR n. 716/2000-077-15-0), no qual prevaleceu a autonomia da vontade sobre o direito fundamental à saúde.[48]

(46) TRIBUNAL SUPERIOR DO TRABALHO. Ac. TST – SDC – Proc. ROAA n. 75.9023-2001, julgado em 14 de março de 2002. Rel. Min.Ronaldo Leal. Disponível em: <www.tst.gov.br> Acesso em: 9 jun. 2005.

(47) TRIBUNAL SUPERIOR DO TRABALHO. Ac. TST – 5ª T. – Proc. RR n. 1717.1999-005-.17, julgado em 30 de março de 2005. Rel. Min. João Batista Brito Pereira. Disponível em: <www.tst.gov.br> Acesso em: 9 jun. 2005.

(48) Como já dito alhures, do conflito entre direitos fundamentais, surgirá um espaço onde a autonomia da vontade poderá prevalecer, no entanto, tal espaço, juridicamente limitado, da autonomia da vontade transfigura este clássico instituto — autonomia da vontade — transformando-o em autonomia privada.

INTERVALO INTRAJORNADA REDUÇÃO NEGOCIAÇÃO COLETIVA - VALIDADE. O Acordo Coletivo de Trabalho tem força obrigatória no âmbito da empresa que o firmou, regendo os contratos individuais de trabalho dos empregados representados pela entidade sindical. A norma coletiva que reduziu o intervalo intrajornada tem plena validade jurídica e deve prevalecer. Torna-se necessário prestigiar o artigo 7º, inciso XXVI da Constituição da República, já que, se as partes assim acordaram, é porque houve, por parte do Sindicato representativo da categoria profissional, a abdicação de alguns direitos em prol da conquista de outros que naquele momento eram mais relevantes. Recurso de Revista conhecido e provido.(49)

Contudo, esses divergentes julgamentos podem ser justificados, conquanto não tenham sido, em razão de diferentes hipóteses fáticas. Disso se cuidará na próxima parte desta tese.(50)

No momento, demonstrado o paradoxal e necessário influxo dos direitos fundamentais no direito do trabalho, influxo suficiente a demonstrar a urgência na elaboração de uma nova teoria geral do direito do trabalho, faz-se pertinente enfrentar a questão, lançando os primeiros fundamentos desta nova teoria.

(49) TRIBUNAL SUPERIOR DO TRABALHO. Ac. TST – 3ª T. – Proc. RR n. 716/2000-077-15-0, julgado em 18 de dezembro de 2002. Rel. Min. Carlos Alberto Reis de Paula. Disponível em: <http://www.tst.gov.br/> Acesso em: 7 mar. 2005.

(50) De fato, com total acerto, o TST decidiu nos autos do RR n. 229/2005-057-03-00.1 que, a depender da situação fática posta a julgamento, a cláusula de acordo coletivo que reduza o intervalo intrajornada, pode ser válida. Não obstante o disposto na OJ n. 342 da SDI-1. Neste julgamento, a Min. Relatora assim se pronuncia em seu voto: “As peculiaridades da atividade desenvolvida pelos integrantes da categoria a que pertence o Reclamante autorizam a proclamação da validação da norma coletiva, sem desrespeitar o entendimento consubstanciado na Orientação Jurisprudencial n. 342 da C. SBDI-1, que dispõe: INTERVALO INTRAJORNADA PARA REPOUSO E ALIMENTAÇÃO. NÃO CONCESSÃO OU REDUÇÃO. PREVISÃO EM NORMA COLETIVA. VALIDADE. É inválida cláusula de acordo ou convenção coletiva de trabalho contemplando a supressão ou redução do intervalo intrajornada porque este constitui medida de higiene, saúde e segurança do trabalho, garantido por norma de ordem pública (art. 71 da CLT e art. 7º, XXII, da CF/1988), infenso à negociação coletiva. Ressalte-se que não há elementos nos autos que comprovem a existência de riscos à saúde ou segurança do trabalhador”. TRIBUNAL SUPERIOR DO TRABALHO. Ac. TST– 3ª T. – Proc. RR n. 229/2005-057-03-00.1, julgado em 10.5.2006, Rel. Min. Maria Cristina Irigoyen Peduzzi. Disponível em: <http://www.tst.gov.br/> Acesso em: 28 set. 2006.

# Terceira Parte

# Bases para uma nova teoria geral do Direito do Trabalho: Direitos Fundamentais e Flexibilização

## Capítulo 1

# TENSÃO – DA INCOMPATIBILIDADE ENTRE O MODELO DE ESTADO DEMOCRÁTICO DE DIREITO E OS PRINCÍPIOS DO DIREITO DO TRABALHO CLÁSSICO

### 1.1. Fixação de premissas (demonstração da incompatibilidade do direito do trabalho clássico com o Estado democrático de direito)

Da leitura desta tese, conclui-se: em um Estado democrático de direito, os direitos fundamentais aplicam-se às relações privadas, inclusive às relações de trabalho.[(1)] Fixada, pois, a primeira premissa.

Afastada foi, portanto, a visão feudal do direito do trabalho. Ou seja, os direitos fundamentais adentram nos umbrais das fábricas, dos escritórios etc., interagindo com o contrato de trabalho, apesar de este implicar, necessariamente, uma subordinação pessoal do empregado.

Ora, dessa interação do direito do trabalho — considerado ramo do direito privado, como antes exposto — com os direitos fundamentais decorre um influxo paradoxal. Necessário se faz a demonstração desse paradoxo.

Como deflui da leitura desta tese, em um Estado democrático de direito, cabe ao Estado — ao juiz — e à sociedade a missão de interpretar e concretizar os direitos fundamentais.[(2)] Até aqui, aparentemente, nenhum paradoxo há. Porém, quando essa concretização está a ocorrer no mundo real, habitualmente se observa

---

(1) Conforme esposado noutro tópico, entende-se que o direito do trabalho é ramo do direito privado. Nega-se, conquanto se concorde com a ocorrência de intenso influxo do direito público no direito privado (constitucionalização do direito privado), a noção de que o direito do trabalho é um terceiro tipo de direito, perfilhada por Gustav Radbruch. Entretanto, é interessante pontuar os ensinamentos desse mestre: "Se quisermos traduzir para a linguagem do direito a gigantesca revolução das relações e das idéias da qual somos testemunhas, ela poderá ser expressa da seguinte forma: através da busca de um direito social abalou-se cada vez mais a separação rígida entre direito público e privado, entre direito civil e administrativo, até entre contrato e lei; ambos tipos de direito se interpenetram — se novas áreas jurídicas surgiram, inclassificáveis no direito privado ou no público, representando um terceiro tipo de direito, totalmente novo: o direito econômico e trabalhista". Conf. RADBRUCH, Gustav. *Introdução à ciência do direito.* Tradução: Vera Barkow. São Paulo: Martins Fontes, 1999. p. 93.

(2) Pondere-se assim, na esteira de Peter Häberle, acerca da existência de uma vasta rede de intérpretes e aplicadores da Constituição e dos direitos fundamentais, não se cingindo mais — essa interpretação — aos juízes constitucionais, mas ampliando para contemplar todo o aparelho estatal e a sociedade como um todo. Afirma o citado professor alemão: "Propõe-se, pois, a seguinte tese: no processo de interpretação constitucional estão potencialmente

que os direitos fundamentais, em verdade, podem se contrapor.[3] A doutrina de *Edilsom P. de Farias* elucida o exposto:

> Os direitos fundamentais são direitos heterogêneos, como evidencia a tipologia enunciada. Por outro lado, o conteúdo dos direitos fundamentais é, muitas vezes, aberto e variável, apenas revelado no caso concreto e nas relações dos direitos entre si ou nas relações destes com outros valores constitucionais [...]. Resulta, então, que é freqüente, na prática, o choque de direitos fundamentais ou o choque destes com outros bens jurídicos protegidos constitucionalmente. Tal fenômeno é o que a doutrina tecnicamente designa de colisão ou conflito de direitos fundamentais.[4]

Eis, portanto, o paradoxo apontado, pois, como concretizar direitos fundamentais que se manifestam antagônicos (conflitantes) na vida diária e, em conseqüência, na realidade fática de um contrato de trabalho?

De fato, a tarefa de conciliar e concretizar tantos valores antagônicos existentes no complexo mundo hodierno, transmutados em direitos fundamentais, se apresenta inegavelmente árdua.[5]

Assim, por exemplo, quando essa concretização dos direitos fundamentais ocorre na seara trabalhista, tem-se, em regra, as situações adiante expostas.

De um lado, se tem o direito de personalidade do empregado, que continua a existir no transcurso de um contrato de trabalho, conforme demonstrado antes, ao acompanharmos o posicionamento da Corte Constitucional espanhola e a doutrina de *Antônio Baylos*[6]. Por sua vez, esses direitos de personalidade são, intrinsecamente, ligados ao direito à vida com dignidade humana, ensina *Sandra Lia Simón*[7].

Por outro lado, é exatamente o respeito a mais um direito de personalidade, qual seja, o direito de liberdade, ontologicamente ligado ao Estado democrático de direito, aqui transmutado em autonomia privada, que autoriza a limitação em

---

vinculados todos os órgãos estatais, todas as potências públicas, todos os cidadãos e grupos, não sendo possível estabelecer-se um elemento cerrado ou fixado com *numerus clausus* de intérprete da Constituição." Conf. HÄBERLE, Peter. *Hermenêutica constitucional.* A sociedade aberta dos intérpretes da Constituição: contribuição para a interpretação pluralista e procedimental da Constituição. Tradução: Gilmar F. Mendes. Porto Alegre: Sérgio Antônio Fabris, 1997. p. 13.

(3) Aliás, como bem demonstra Gisele Cittadino, "o pluralismo é uma das marcas constitutivas das democracias contemporâneas". CITTADINO, Gisele. *Pluralismo, direito e justiça distributiva.* Elementos da filosofia constitucional contemporânea, cit., 2004, p. 1. Dessa maneira, na complexa sociedade hodierna diverge-se, também, acerca dos conceitos de justiça e direito, sendo o conflito a marca resultante.

(4) FARIAS, Edilsom P. de. *Colisão de direitos.* A honra, a intimidade, a vida privada e a imagem *versus* a liberdade de expressão e informação. 2. ed. Porto Alegre: Sérgio Antônio Fabris, 2000. p. 116.

(5) Por exemplo, é bastante comum o conflito entre o valor justiça e o valor segurança jurídica, valores aos quais o Estado democrático de direito é tributário. Neste sentido, a lição de Willis Santiago Guerra Filho. Conf. GUERRA FILHO, Willis Santiago. *Processo constitucional e direitos fundamentais*, cit., p. 26-27.

(6) BAYLOS, Antônio. *Direito do trabalho:* modelo para armar, cit., p. 126.

(7) SIMÓN, Sandra Lia. *A proteção constitucional da intimidade e da vida privada do empregado*, cit., p. 101.

alguns casos, de outros direitos fundamentais do empregado e do empregador.(8) Pois, a autonomia da vontade, recuperada e transformada em autonomia privada pelo novo direito do trabalho, ocasiona uma série de tensões entre princípios constitucionais nas relações de emprego.(9)

Fixada a segunda premissa desta introdução: o dever de concretizar os direitos fundamentais, inerente a toda atividade estatal e à própria sociedade civil como decorrência de um Estado democrático de direito, é complexo, porquanto, nessa atividade realizadora (concretizadora), no mais das vezes, necessário se faz proceder a um sopesamento entre direitos fundamentais em conflito. Para tanto, se utilizará o princípio da proporcionalidade.

Outro aspecto de relevo a ser acentuado é a possível violação de direitos fundamentais do empregador, notadamente o princípio da segurança jurídica, pois, por vezes, fica difícil prever — saber — qual direito fundamental irá prevalecer em cada caso concreto.

Nesse caso, há de se relembrar, ainda, o direito fundamental à segurança jurídica, o qual deriva do Estado democrático de direito, consoante se deflui de precedente da Corte Constitucional de Portugal.(10) Dessa forma, pode-se estabelecer a terceira premissa: o Estado democrático de direito é um Estado comprometido com a segurança jurídica.(11)

Em face desse complexo cenário, esboçados estão os primeiros passos (conclusões) para uma nova teoria geral do direito do trabalho, ousando questionar o princípio-mor do direito laboral clássico (princípio de proteção). Todavia, necessário se faz delimitar, preliminarmente, os diversos arquétipos do direito do trabalho, no tocante aos limites da autonomia da vontade, para bem se situar e se diferenciar o direito do trabalho clássico e o novo direito do trabalho.

## 1.2. Arquétipos de direito do trabalho

### *1.2.1. Limites e poderes da autonomia da vontade: modelos de direito do trabalho*

Para se enfrentar o tema desta tese — *Uma nova teoria geral do direito do trabalho* — necessário se faz examinar os diversos modelos de direito do trabalho

(8) Em verdade, há mais. Quando se flexibiliza determinada condição de trabalho, normalmente se faz (pelo menos em tese) para se garantir o emprego. Ora, quando se assegura o emprego, está-se protegendo o direito fundamental ao trabalho assegurado no art. 6º da Constituição vigente. Por outro lado, a autonomia da vontade é, nas palavras de Miguel Reale, uma "conquista impostergável da civilização". Conf. REALE, Miguel. *Lições preliminares de direito.* 12. ed. São Paulo: Saraiva, 1985. p. 179.

(9) Daí se pontuar o re-prestígio da autonomia da vontade, notadamente da autonomia da vontade coletiva, como elemento consubstanciador de um novo direito do trabalho. Entretanto, busca-se "trazer" para o direito do trabalho a noção de autonomia privada, ou seja, a autonomia da vontade regressa ao direito do trabalho, mas já atenuada ou transformada em autonomia privada.

(10) Ac. Tribunal Constitucional de Portugal. Proc. n. 485/96, julgado em 8 de janeiro de 1997. Rel. Conselheira Maria Fernando Palma. In: *Acórdãos do tribunal constitucional.* V. 36 (jan. a abr.). Coimbra: Coimbra Editora, 1997. p. 28.

(11) Rememorando o capítulo anterior, denote-se: o Estado democrático de direito compromete-se, também, com o valor justiça.

existentes no mundo jurídico ocidental, tomando como parâmetro diferenciador os poderes e limites da autonomia da vontade.(12)

Em outras palavras, para se classificar o direito do trabalho com base em critérios objetivos, há de se verificar, ao cabo, qual tipo de norma jurídica irá preponderar em determinado ordenamento jurídico em caso de conflito, se a lei ou o contrato, ensina *Amauri Mascaro Nascimento*(13). Em suma, havendo uma lide trabalhista, qual norma jurídica irá regrar a situação fática, o contrato de trabalho ou a lei? Haverá outra solução?

Para responder a tais indagações, serão seguidos os ensinamentos do mencionado professor paulista. Estudar-se-á, portanto, a autonomia da vontade e o seu alcance no ordenamento jurídico dos Estados.(14)

Na seara trabalhista, a autonomia da vontade pode ser a individual (muito próxima da clássica autonomia do direito civil) ou coletiva (quando manifestada por meio de acordos e convenções coletivas).

Os poderes da autonomia da vontade individual, no âmbito do direito do trabalho clássico, contudo, tendem a ser minimizados na maioria dos ordenamentos jurídicos do mundo ocidental, sobremodo nos países herdeiros da tradição romana, prepondera nesses sistemas jurídicos a autonomia privada, ou seja, uma autonomia da vontade limitada pelo ordenamento jurídico.

O espaço que resta à autonomia da vontade individual, no direito do trabalho clássico, é a liberdade de firmar, ou não, o contrato de trabalho e de acertar, minimamente, algumas condições de labor e remuneração. Afinal, a tradicional função do direito do trabalho e da legislação trabalhista é compensatória: visa a compensar a débil autonomia da vontade do empregado.

De tal arte, o modelo de direito do trabalho alicerçado na autonomia da vontade individual clássica não encontra guarida no ordenamento jurídico, pois importaria em deixar o empregado totalmente desprotegido. E mais, significaria omissão estatal. Sim, o Estado não pode deixar de regular este aspecto tão importante para a paz social, o trabalho.

Mas há, no direito do trabalho, uma "outra" autonomia da vontade. Existe a autonomia da vontade coletiva, que confere, nas palavras de *Marly Nunes de*

(12) Nesse contexto, um dado preliminar deve ser ressaltado: parte considerável da doutrina trabalhista pátria trata autonomia da vontade e autonomia privada como expressões sinônimas. Entretanto, a teoria geral do direito civil hodierna opera importante distinção entre esses dois institutos jurídicos.

(13) Conf. NASCIMENTO, Amauri Mascaro. *Teoria geral do direito do trabalho.* São Paulo: LTr, 1998. p. 27.

(14) Neste caso, será utilizada a expressão autonomia da vontade e não autonomia privada, pois é esta que irá delinear os modelos de direito do trabalho. Deveras, caso se considere, por exemplo, o modelo negociado de direito do trabalho, irá se notar que neste ainda não ocorreu a transição da autonomia da vontade para autonomia privada. Por outro lado, se se considerar o modelo misto, a autonomia privada será sua tônica, ou seja, uma autonomia da vontade ainda existente, mas limitada pelo ordenamento jurídico.

*Moraes Santos*, "às entidades sindicais o poder de negociar, criando normas que irão presidir as relações de trabalho".[15]

Os poderes da autonomia da vontade coletiva tendem a ser mais elásticos, pois, indubitavelmente, o direito positivo — estatal — confere-lhe, em regra, um maior reconhecimento e legitimidade.[16]

Desta feita, tomando como norte a força e os limites da autonomia da vontade individual ou coletiva, os juslaboralistas visualizaram três arquétipos do direito do trabalho: o negociado, o legislado e o misto. Estudar-se-á esses modelos, objetivando verificar qual deles é o mais compatível com o Estado democrático de direito.

### 1.2.2. *Modelos — arquétipos de direito do trabalho*

Os modelos (arquétipos) de direito do trabalho esboçados pelos doutrinadores *Amauri Mascaro Nascimento*[17] e *Marly Nunes de Moraes Santos* são os seguintes:[18]

a) Modelo negociado. Neste modelo, "característico do Estado abstencionista, há o predomínio da autonomia da vontade na forma de composição de conflitos".[19] Segundo *Amauri Mascaro Nascimento*[20] é o modelo adotado pelos Estados Unidos da América.

b) Modelo legislado. Característico do Estado social, no qual o dirigismo estatal nas relações de trabalho se faz presente e, por conseqüência, a lei é a fonte primeira do direito do trabalho, sobrepondo-se à autonomia da vontade individual ou coletiva. Segundo *Nascimento*, tal modelo defende a "função tutelar do direito do trabalho"[21]. Era este o sistema adotado no Brasil até o advento da Constituição de 1988.

c) Modelo misto. Neste modelo misto há preponderância, parcial, do negociado. Este arquétipo aproxima-se do modelo a ser adotado pelo Brasil contemporâneo.

Entretanto, neste último modelo, o negociado não pode se sobrepor aos direitos fundamentais dos trabalhadores, sendo possível, nas palavras de *Amauri*

(15) SANTOS, Marly Nunes de Moraes. As condições de validade das convenções coletivas de trabalho após a vigência da Constituição Federal de 1988. *Revista do Tribunal Superior do Trabalho*. Porto Alegre: Síntese, v. 67, n. 1, p. 161, jan./mar. 2001.

(16) Exemplifica o afirmado o disposto no art. 7º, XXVI, da CF vigente, assim redigido: "reconhecimento das convenções e acordos coletivos de trabalho".

(17) NASCIMENTO, Amauri Mascaro. *Teoria geral do direito do trabalho*, cit., p. 25-40.

(18) SANTOS, Marly Nunes de Moraes. As condições de validade das convenções coletivas de trabalho após a vigência da Constituição Federal de 1988. *Revista do Tribunal Superior do Trabalho*, cit., p. 164.

(19) *Idem*.

(20) NASCIMENTO, Amauri Mascaro. *Teoria geral do direito do trabalho*, cit., p. 25-40.

(21) *Ibidem*, p. 33.

*Mascaro Nascimento*, "um modelo de direito do trabalho intervencionista seletivo não prejudicial à liberdade de iniciativa do particular ou gradual".[22]

E mais, no modelo misto devem ser implementadas, nas cláusulas negociais advindas ao mundo jurídico por meio de acordo ou convenções coletivas de trabalho, medidas tendentes a concretizar os direitos fundamentais, pois esse é poder-dever do Estado e da sociedade.[23]

Assim sendo, o modelo misto é o mais compatível com o Estado democrático de direito, pois, consoante preleciona *Marly Nunes de Moraes Santos*, mesclam-se, neste modelo:

> [...] elementos de intervencionismo estatal e da autonomia coletiva de grupos, de forma que ao Estado caiba a tutela apenas dos direitos fundamentais do trabalhador, como a vida, a saúde, os infortúnios do trabalho e da inatividade.[24]

Ora, o arquétipo do Estado democrático de direito é exatamente a junção e o aprofundamento dos arquétipos do Estado liberal e social.[25] Exatamente como o modelo misto se apresenta. Nesse afã, a preocupação com a liberdade individual é manifestada na preservação da autonomia da vontade (herança do Estado liberal), configurada em autonomia privada.

Por sua vez, a preocupação com o social é manifestada no reconhecimento dos direitos sociais e no compromisso da concretização do direito a uma vida digna, ou seja, com trabalho, saúde, moradia, educação etc. (herança do Estado social).

Tudo isso é completamente compatível com o modelo misto de direito do trabalho ora a se construir. Preservam-se os direitos sociais coligados aos direitos fundamentais (sobremodo o direito ao trabalho, assegurado no art. 6º da CF vigente) e tutela-se, simultaneamente, a liberdade, pois, como já visto, uma das diferenças essenciais do Estado democrático de direito em relação ao Estado social é a revalorização da autonomia da vontade reconhecida e proclamada no Estado liberal, mas ora configurada como autonomia privada.

Sim, a autonomia privada não pode ser olvidada em um Estado democrático de direito. Dessa forma, neste novo cenário jurídico institucional, surge, na seara trabalhista, um novo direito penal do trabalho, que se destina a tutelar a liberdade sindical, a autonomia privada coletiva e o direito de greve. Este novo direito

---

(22) *Ibidem*, p. 35.

(23) A título de exemplo, rememore-se o seguinte trabalho: GUGEL, Maria Aparecida. Cláusula coletiva de promoção da igualdade no emprego e na ocupação para o trabalhador negro. *Revista do Ministério Público do Trabalho na Paraíba*, João Pessoa, n. 1, p. 28-44, 2005.

(24) SANTOS, Marly Nunes de Moraes. As condições de validade das convenções coletivas de trabalho após a vigência da Constituição Federal de 1988. *Revista do Tribunal Superior do Trabalho*, Porto Alegre: Síntese, v. 67, n. 1, p. 165, jan./mar. 2001.

(25) STRECK, Lenio. *Jurisdição constitucional e hermenêutica:* uma nova crítica do direito. Porto Alegre: Livraria do Advogado, 2002. p. 64.

penal do trabalho já existe na Espanha, em França e na Itália. Nesses Estados, turvar a liberdade sindical, maculando, de alguma forma, a autonomia privada coletiva, é crime.[26]

E assim ocorre (a mencionada tutela penal da autonomia privada coletiva) por um motivo essencial: faz-se necessário assegurar a todos o direito fundamental à liberdade, que se transmuta, no universo jurídico, em autonomia privada, pois, sem liberdade, há escravidão. Relembre-se, nesse passo, com todas as atenuações (correções) devidas e necessárias, este dogma do Estado liberal, a autonomia da vontade, considerado por *Miguel Reale* como "conquista impostergável da civilização".[27]

Ademais, ao se privilegiar a autonomia privada, confere-se-lhe validade jurídica, também, privilegiando a segurança jurídica. E um Estado democrático de direito é um Estado cultor da segurança jurídica.[28] De tal arte, defende-se a aproximação do novo direito do trabalho com o modelo misto, prelecionando a sua interação com os direitos fundamentais e, em conseqüência, com a flexibilização.

Tudo isso implicará a proclamação do fim do direito do trabalho clássico. Mas é sobre as ruínas deste que irá se construir um novo direito do trabalho mais justo e, sobretudo, mais efetivo, pois, na sociedade atual, apenas o justo pode pretender obter a desejada eficácia social.

Pertinente, nesse passo, transcrever a lição de *Gisele Cittadino* acerca do pensamento de *Habermas*, pois é possível trazê-lo a um novo direito do trabalho que ora se constrói ao se privilegiar a autonomia privada coletiva. Afirma a professora da PUC do Rio de Janeiro:

> A formação racional da vontade — ou formação discursiva da vontade — não significa simplesmente a aceitação de uma negociação coletiva ou equilíbrio entre interesses particulares concorrentes, pois, nesta hipótese, a racionalidade comunicativa estaria ainda vinculada à eticidade de um mundo concreto. A formação racional da vontade pressupõe um exercício público de discussão

(26) Nas palavras de Baylos e Terradillos: "Precisando más, el ámbito posible del Derecho penal del trabajo se circunscribiría, en primer lugar, a la tutela de las facultades que integram la autonomia coletiva [...]". BAYLOS, Antônio *et al. Derecho penal del trabajo.* 2. ed. Madri: Trotta, 1997. p. 28. Também nesse sentido é a lição de Arion Sayão Romita. Conf. ROMITA, Arion Sayão. *O princípio da proteção em xeque e outros ensaios.* Direito penal do trabalho. São Paulo: LTr, 2003. p. 461-463.

(27) Di-lo o saudoso Miguel Reale acerca da importância da autonomia da vontade no direito hodierno: "Reconhece-se, em última análise, como uma conquista impostergável da civilização o que, técnica e tradicionalmente, se denomina autonomia da vontade, isto é, o poder que tem cada homem de ser, de agir e de omitir-se nos limites das leis em vigor, tendo por fim alcançar algo de seu interesse e que, situado no âmbito da relação jurídica, se denomina bem jurídico. *Pode ser este, quanto ao conteúdo, de natureza econômica, estética, religiosa, de comodidade social, de recreação etc.*"(grifo nosso). Conf. REALE, Miguel. *Lições preliminares de direito.* 12. ed. São Paulo: Saraiva, 1985. p. 179.

(28) Ac. Tribunal Constitucional de Portugal, Proc. n. 485/96, julgado em 8 de janeiro de 1997. Rel. Conselheira Maria Fernando Palma. In: *Acórdãos do tribunal constitucional.* V. 36 (jan. a abr.). Coimbra: Coimbra Editora, 1997. p. 28.

comunicativa, em que todos os participantes fixam a moralidade de uma norma a partir de um acordo racionalmente motivado.(29)

Em suma, é isso (consenso normativo) que devem buscar os acordos e convenções coletivas desse novo direito do trabalho em cuja construção ora se trabalha.(30) Entretanto, antes de se tratar das bases teóricas desse novo direito do trabalho, há uma outra questão a ser estuda: a diferenciação entre autonomia da vontade e autonomia privada, pois esta realidade do direito civil precisa ser trazida para o direito do trabalho.

## 1.3. Necessidade de transformação: autonomia da vontade para autonomia privada no direito do trabalho

A adoção do modelo misto de direito do trabalho em um Estado democrático de direito não deve olvidar de um outro fator: na seara da teoria geral do direito ocorreu uma transição da autonomia da vontade para autonomia privada e esta não é mais vista como ilimitada. Nesse sentido, eis o escólio de *Giovanni Nanni*:

> Para isso, faz-se necessária a assimilação da transição que ocorreu da autonomia da vontade para autonomia privada, alterando-se fundamentalmente o ângulo de visão, orientando-se pelos valores constitucionais em que é inserida a pessoa humana no centro do ordenamento jurídico e das relações jurídicas.(31)

Adiante preleciona o mencionado professor:

> Não se fala mais na vontade ilimitada do indivíduo para firmar um negócio, mas na relação da vontade privada que encontra espaço ou autonomia no ordenamento jurídico com a vontade de outrem para firmar-se uma relação jurídica obrigacional. Não prevalece mais a vontade interna do sujeito, mas a vontade observada externa e objetivamente, diante do ordenamento jurídico, em consonância com a autonomia privada.(32)

De fato, autonomia privada e autonomia da vontade não são expressões sinônimas na teoria geral do direito civil, conquanto parte considerável da doutrina ainda as trate como tais, consoante assevera *Francisco Amaral*(33), mas que coexistem. No contexto hodierno, portanto, a autonomia privada seria o espaço, espaço juridicamente limitado, onde a autonomia da vontade poderia se manifestar sem

(29) CITTADINO, Gisele. *Pluralismo, direito e justiça distributiva.* Elementos da filosofia constitucional contemporânea, cit., p. 93.

(30) Deveras, a idéia de consenso vincula-se ao ideal de justiça perseguido pelo Estado democrático de direito.

(31) NANNI, Giovanni Etorre. A evolução do direito civil obrigacional: a concepção do direito civil constitucional e a transição da autonomia da vontade para autonomia privada. In: LOTUFO, Renan (Coord.). *Cadernos de direito civil constitucional,* caderno 2, cit., p. 157.

(32) *Ibidem*, p. 172.

(33) Conf. AMARAL, Francisco. *Direito civil:* introdução. 2. ed. Rio de Janeiro: Renovar, 1998. p. 327-328.

infringir o direito. Nesse contexto, a dignidade da pessoa humana é a linha divisória a delimitar a autonomia da vontade, configurando-a como autonomia privada.

Necessário, portanto, trazer para o direito do trabalho esta nova visão da autonomia da vontade "transformada" em autonomia privada,[34] pois este tema está umbilicalmente coligado a outro instituto trabalhista, qual seja, a flexibilização.

Isso porque não é qualquer flexibilização que deve ser aceita em um Estado democrático de direito.

(34) Pontue-se, entretanto, outro dado relevante: conquanto a doutrina aponte que a autonomia da vontade tenha se transformado em autonomia privada, estas não se confundem e coexistem na atualidade. Na lição de Andreza Cristina Baggio Torres: "Para análise da autonomia privada, parte-se do princípio de que existe um espaço livre às partes, já que, em se tratando de relações jurídicas privadas, são estes os melhores conhecedores... Já a autonomia da vontade, também segundo o autor acima transcrito, é o princípio de Direito Privado pelo qual o agente tem a possibilidade de praticar um ato jurídico, determinando-lhe o conteúdo, a forma e os efeitos." TORRES, Andreza Cristina Baggio. Direito civil — constitucional: A função social do contrato e a boa-fé objetiva como limite à autonomia privada. In: NALIN, Paulo (coord.). *Contrato e sociedade:* a autonomia privada na legalidade constitucional, v. II, Curitiba: Juruá, 2006. p. 50. Também neste sentido, a lição de Giovanni Nanni. Conf. NANNI, Giovanni Etorre. A evolução do direito civil obrigacional: a concepção do direito civil constitucional e a transição da autonomia da vontade para autonomia privada. In: LOTUFO, Renan (Coord.). *Cadernos de direito civil constitucional*, cit., p. 168.

## Capítulo 2

# FLEXIBILIZAÇÃO DECORRENTE DA INTERAÇÃO ENTRE O DIREITO DO TRABALHO E OS DIREITOS FUNDAMENTAIS

### 2.1. Possibilidades e limites da flexibilização

Antes de se conceituar o instituto da flexibilização trabalhista, é necessário responder uma questão conexa: quais são as possibilidades e limites desse instituto? Sim, quando se delimita a abrangência da flexibilização, aproxima-se de sua conceituação doutrinária (objetivo central deste capítulo). Dessa forma, estudar-se-á, primeiramente, as possibilidades e limites da flexibilização.

Neste afã, será estabelecida a primeira premissa deste capítulo: o direito do trabalho é palco propício para a ocorrência de tensão entre direitos fundamentais. De tal realidade deflui, interativa e inexoravelmente, a flexibilização.

Essa interação inexorável entre direitos fundamentais e flexibilização deflui de um modelo de Estado comprometido com a concretização simultânea dos direitos fundamentais (direitos fundamentais que, no mais das vezes, entrechocam-se no caso concreto) e com a legitimadora participação popular em todas as instâncias da vida pública e privada (Estado democrático de direito). Mas esse mesmo modelo estatal deve, também, reconhecer e tutelar uma herança impostergável do Estado liberal, qual seja, a autonomia da vontade.[1]

Evidentemente esses novos e contraditórios ventos deverão ser sentidos no campo ora em estudo: o direito do trabalho.

*In casu*, consoante exposto no capítulo anterior, devemos dar prevalência, a princípio, ao negociado sobre o legislado, estimulando, dessa feita, a feição democrática da auto-regulação de conflitos e privilegiando, assim, a autonomia privada e a segurança jurídica (modelo misto). Discorrendo sobre a Constituição *comunitária*, *Gisele Cittadino* preleciona o seguinte:

> Em outras palavras, a abertura constitucional permite que cidadãos, partidos políticos, associações etc. integrem o círculo de intérpretes da constituição,

(1) Conf. REALE, Miguel. *Lições preliminares de direito*, cit., p. 179.

democratizando o processo interpretativo — na medida em que ele se torna aberto e público — e, ao mesmo tempo, concretizando a constituição.[2]

Necessário se trazer o direito laboral para esta realidade, sem descurar, contudo, da questão exposta no tópico anterior, ou seja, a autonomia da vontade é limitada pelo ordenamento jurídico, transformando-se em autonomia privada. É esta autonomia privada que é resguardada pelo ordenamento jurídico.[3]

Portanto, no novo direito do trabalho, a ser gerado nas entranhas do Estado democrático de direito, deve-se privilegiar a auto-regulação (a feitura da legislação pelas partes). Nesse esteio, recorre-se à seguinte lição de *Dalva Oliveira*:

> Com efeito, o princípio da proteção do Estado democrático de direito resulta da prevalência do sistema de participação [...]. Tal como ocorre no campo político em que a população é convidada a participar dos destinos da nação por meio do voto, trabalhadores e empregadores devem ser convidados a participar da elaboração das normas trabalhistas com vistas ao exercício eficaz da cidadania, espantando de vez o Estado patriarca, onde, no dizer de *Bobbio*, os súditos são tratados como eternos menores.[4]

Mas tudo dentro de um limite! Deveras, em um Estado democrático de direito, não se faz possível, via acordo ou convenção coletiva do trabalho, a exclusão de qualquer direito fundamental dos empregados e dos empregadores, incluindo o da liberdade individual, pois esse modelo de Estado compromete-se com a participação popular na feitura das normas jurídicas, mas pauta-se, também, pelo respeito e concreção dos direitos fundamentais, ensina *Elias Díaz*.[5]

Nesse diapasão, o citado professor da Universidade Autônoma de Madri pontifica: *"Hay valores, bienes, derechos que, desde luego, no puedem ni deben quedar a entera disposición del mercado"*.[6] Isso (extirpação de direito fundamental) sequer emenda à Constituição poderia fazê-lo, relembre-se.[7]

---

(2) CITTADINO, Gisele. *Pluralismo, direito e justiça distributiva.* Elementos da filosofia constitucional contemporânea, cit., p. 18.

(3) Deveras, como pontua Giovanni Nanni, "o princípio da autonomia da vontade é um princípio existente no direito civil, mas que perdeu espaço atualmente para autonomia privada que possui uma concepção mais elaborada". NANNI, Giovanni Etorre. A evolução do direito civil obrigacional: a concepção do direito civil constitucional e a transição da autonomia da vontade para autonomia privada. In: LOTUFO, Renan (Coord.). *Cadernos de direito civil constitucional*, caderno 2, cit., p. 168.

(4) OLIVEIRA, Dalva. *Reformas.* A atualização da legislação trabalhista e os direitos fundamentais no trabalho, segundo a declaração de princípios da OIT. São Paulo: LTr, 2004. p. 74.

(5) Preleciona o professor espanhol: "El Estado de Derecho, estamos viendo, es aquel em que esas regulaciones normativas se producem hoy (deben producirse cada vez más) desde la libre participación democrática, incorparando eficazmente los derechos fundamentales [...]". DÍAZ, Elias. Estado de derecho y derechos humanos. In: BETEGÓN, Jerônimo *et al.* (Coord.). *Constitución y derechos fundamentales.* Madri: Centro de Estudios Políticos y Constitucionales, 2004. p. 26.

(6) DÍAZ, Elias. Ob. cit., p. 34.

(7) De fato, a Constituição estabelece que não será objeto de deliberação emenda tendente a abolir os direitos e garantias individuais (CF, art. 60, § 4º, IV).

Não há de se cogitar, portanto, na constitucionalidade de norma coletiva extirpadora de qualquer direito fundamental. Há um núcleo essencial intangível dos direitos fundamentais a ser respeitado e tutelado por todos (Estado e sociedade), que não pode ser objeto de negociação coletiva.[8]

Admite-se, apenas, a eventual prevalência de um direito fundamental sobre outro (respeitando sempre o núcleo essencial de cada direito fundamental), tudo a depender, conforme prelecionado em tópico apropriado, do caso concreto.

Nessa esteira, o TST tem entendido que a flexibilização é um princípio constitucional,[9] conferindo-lhe, aqui, acolá, prevalência sobre o texto da lei. Por outro lado, esse mesmo tribunal, com inegável acerto, julga-a nula — a flexibilização — quando posta à baila a extirpação de direitos fundamentais.[10]

---

(8) Este tema — proteção ao núcleo essencial dos direitos fundamentais — será estudado em capítulo apropriado. Mas a transcrição da lição de Gilmar Mendes é apropriada: "O princípio da proporcionalidade, também denominado princípio do devido processo legal em sentido substantivo, ou ainda, princípio da proibição do excesso, constitui uma exigência positiva e material relacionada ao conteúdo de atos restritivos de direitos fundamentais, de modo a estabelecer um "limite do limite' ou uma "proibição de excesso" na restrição de tais direitos. *A máxima da proporcionalidade, na expressão de Alexy, coincide igualmente com o chamado núcleo essencial dos direitos fundamentais concebido de modo relativo — tal como o defende o próprio Alexy. Nesse sentido, o princípio ou máxima da proporcionalidade determina o limite último da possibilidade de restrição legítima de determinado direito fundamental.* À par dessa vinculação aos direitos fundamentais, o princípio da proporcionalidade alcança as denominadas colisões de bens, valores ou princípios constitucionais. Nesse contexto, as exigências do princípio da proporcionalidade representam um método geral para a solução de conflitos entre princípios, isto é, um conflito entre normas que, ao contrário do conflito entre regras, é resolvido não pala revogação ou redução teleológica de uma das normas conflitantes nem pela explicitação de distinto campo de aplicação entre as normas, mas antes e tão-somente pela ponderação do peso relativo de cada uma das normas em tese aplicáveis e aptas a fundamentar decisões em sentidos opostos. Nessa última hipótese, aplica-se o princípio da proporcionalidade para estabelecer ponderações entre distintos bens constitucionais. Em síntese, a aplicação do princípio da proporcionalidade se dá quando verificada restrição a determinado direito fundamental ou um conflito entre distintos princípios constitucionais de modo a exigir que se estabeleça o peso relativo de cada um dos direitos por meio da aplicação das máximas que integram o mencionado princípio da proporcionalidade. São três as máximas parciais do princípio da proporcionalidade: a adequação, a necessidade e a proporcionalidade em sentido estrito." Adiante conclui o Min. Gilmar Mendes: "O exame da proporcionalidade, no caso em apreço, exige algumas considerações sobre o contexto factual e normativo em que se insere a presente discussão... Como tenho afirmado, esse exame de dados concretos, ao invés de apenas argumentos jurídicos, não é novidade no direito comparado". Destaques nossos. SUPREMO TRIBUNAL FEDERAL. Ac. STF – Pleno – Proc. IF n. 2.127/SP, julgado em 8 de maio de 2003, Rel. Min. Gilmar Mendes. Disponível em: <http://www.stf.gov.br/jurisprudencia/nova/pesquisa.asp> Acesso em: 24 set. 2006.

(9) Nesse sentido, *vide*, exemplificativamente, TRIBUNAL SUPERIOR DO TRABALHO. Ac. TST – 4ª T – AI n. 49274/2002-900-09-00, julgado em 17 de novembro de 2004. Rel. Milton de Moura França. Disponível em: <http://www.tst.gov.br/> Acesso em: 7 mar. 2005.

(10) Exemplificativamente, cite-se o seguinte julgado (AIRR n.1737/2003), relatado pelo Ministro João Oreste Dalazen: "INTERVALO INTRAJORNADA. SUPRESSÃO. FLEXIBILIZAÇÃO. ACORDO COLETIVO DE TRABALHO. 1. O intervalo mínimo intrajornada constitui medida de higiene, saúde e segurança do empregado, não apenas garantida por norma legal imperativa (CLT, art. 71), como também tutelada constitucionalmente (art. 7º, inc. XXII, da CF/88). Comando de ordem pública é inderrogável pelas partes e infenso mesmo à negociação coletiva: o limite mínimo de uma hora para repouso e/ou refeição somente pode ser reduzido por ato do Ministro do Trabalho (CLT, art. 71, § 3º). 2. O acordo coletivo de trabalho e a convenção coletiva de trabalho, igualmente garantidos pela Constituição Federal como fontes formais do direito do trabalho, não se prestam a validar, a pretexto de flexibilização, a supressão ou a diminuição de direitos trabalhistas indisponíveis. A flexibilização das condições de trabalho apenas pode ter lugar em matéria de salário e de jornada de labor, ainda assim desde que isso importe uma contrapartida em favor da categoria profissional. 3. Inválida cláusula de acordo coletivo de trabalho que

Do exposto, conclui-se: o limite da flexibilização é o respeito e a concreção, simultâneos, dos direitos fundamentais do empregado e do empregador (proteção do núcleo essencial), em todos os âmbitos de uma relação de emprego.

A simples desregulamentação das relações de emprego, ou seja, a ausência de qualquer controle estatal nas atividades e normas trabalhistas, fere, de morte, o sistema constitucional vigente. Não. Flexibilização e desregulamentação não se confundem. Nesse sentido, a lição de *Arnaldo Süssekind*:

> A nosso entender, portanto, a desregulamentação do direito do trabalho, que alguns autores consideram uma das formas de flexibilização, com esta não se confunde. A desregulamentação retira a proteção do Estado ao trabalhador, permitindo que a autonomia privada, individual ou coletiva, regule as condições de trabalho e os direitos e obrigações advindos da relação de emprego. Já a flexibilização pressupõe a intervenção estatal, ainda que básica, com normas gerais abaixo das quais não se pode conceber a vida do trabalhador com dignidade.(11)

Parte-se, assim, para a adoção do modelo misto, consoante se passa a expor.

## 2.2. Da necessária aproximação do novo direito do trabalho com o modelo misto: uma flexibilização regulada

Consoante se deflui da leitura do tópico anterior, o direito do trabalho hodierno aproxima-se do modelo misto. Ou seja, de um modelo em que se estimula a auto-regulamentação e se reconhece, ao mesmo tempo, a possibilidade de intervenção estatal nas relações de trabalho, sobremodo na defesa e na concretização dos direitos fundamentais dos empregados e empregadores.

Reafirma-se, assim, a flexibilização, pois, nas palavras de *Arnaldo Süssekind*, a flexibilização "tem como objetivo conciliar a fonte autônoma — lei — com a heterônoma — acordo ou convenção coletiva — tendo por alvo a saúde da empresa e a continuidade do emprego".(12)

Contudo, é exatamente por tentar conciliar as fontes autônomas e heterônomas que essa intervenção só deve ocorrer em defesa e harmonização dos direitos fundamentais dos empregados e empregadores. Tudo isso, ressalte-se, sem prejuízo demasiado do direito fundamental à liberdade individual (condensado, aqui, no princípio da autonomia da vontade) desses dois sujeitos da relação de emprego.(13)

---

autoriza a supressão do intervalo mínimo intrajornada para empregado submetido a turnos ininterruptos de revezamento. Incidência da Orientação Jurisprudencial n. 342 da SBDI-I do TST. 4. Agravo de Instrumento a que se nega provimento". TRIBUNAL SUPERIOR DO TRABALHO. AIRR n.1737/2003. Disponível em: <http://www.tst.gov.br/basesjuridicas/> Acesso em: 15 jun. 2005.

(11) SÜSSEKIND, Arnaldo. *Instituições do direito do trabalho*. 21. ed. São Paulo: LTr, 2003. p. 202-203.

(12) *Idem*.

(13) O modelo misto seria, em verdade, resultado de uma fusão entre dois modelos de direito do trabalho. No primeiro, o negociado, a vontade das partes sempre deveria prevalecer. No segundo, legislado, a vontade da lei tenderia a prevalecer sobre a vontade das partes (autonomia da vontade). No terceiro (misto) a intervenção estatal estaria autorizada para defesa dos direitos fundamentais. Esses conceitos foram desenvolvidos por Amauri Mascaro.

Destarte, no modelo misto — umbilicalmente ligado ao Estado democrático de direito, que prima pela emancipação do homem —, privilegia-se a regulação negociada e, possivelmente, flexibilizada das relações de trabalho, conquanto sem ofensa aos direitos fundamentais. Noutros termos, seria, ensina *Arion Sayão Romita*, escudado noutros mestres, a flexibilidade regulamentada.(14)

Acerca desse novo modelo de direito do trabalho (modelo misto), manifesta-se *Otávio Augusto Reis de Sousa*:

> Na nova realidade que se descortina, amplia-se o espaço do terceiro modelo em um mundo que reconhece a existência de direitos da pessoa-trabalhador, ao mesmo tempo em que urge uma re-elaboração do direito do trabalho, de modo a torná-lo adequado às céleres alterações econômicas típicas da sociedade tecnológica ou pós industrial.(15)

Dessa maneira, o Estado deve privilegiar a negociação, mas deve, ao mesmo tempo, estar atento para corrigir ou evitar qualquer violação a um direito fundamental. E as ofensas aos direitos fundamentais (ou tensões entre direitos fundamentais), comumente, ocorrem na seara trabalhista, consoante será demonstrado.(16)

## 2.3. Paradoxos da flexibilização: conflito entre autonomia da vontade com outros direitos fundamentais: controle de constitucionalidade

Na forma do exposto, afirma-se: o Estado democrático de direito diferencia-se por incitar a participação popular, estimulando a auto-regulação dos conflitos em todos os âmbitos da sociedade e tutelando a autonomia privada.

Do mesmo modo, o Estado democrático de direito é um modelo de Estado comprometido com a efetividade das normas de direito fundamental de primeira, segunda e terceira gerações.(17)

---

(14) ROMITA, Arion Sayão. *Globalização da economia e direito do trabalho*. São Paulo: LTr, 1997. p. 55.

(15) SOUSA, Otávio Augusto Reis de. *Nova teoria geral do direito do trabalho*. São Paulo: LTr, 2002. p. 55.

(16) Esse caminho, privilegiar as soluções encontradas pelos participantes da regras do jogo *(in casu*, empregadores e trabalhadores), quebra a visão arrogante do Estado que se propala como único intérprete da vontade constitucional e aproxima-se da tese defendida por Häberle. Pertinente a citação do Professor alemão: "Nesse sentido, permite-se colocar a questão sobre os participantes do processo de interpretação: de uma sociedade fechada dos intérpretes da Constituição para uma interpretação constitucional pela e para uma sociedade aberta. Propõe-se, pois, a seguinte tese: no processo de interpretação constitucional estão potencialmente vinculados todos os órgãos estatais, todas as potências públicas, todos os cidadãos e grupos, não sendo possível estabelecer-se um elemento cerrado ou fixado *numerus clausus* de intérpretes da Constituição." Concluindo a seguir, Häberle pontifica: "A interpretação constitucional é, em realidade, mais um elemento da sociedade aberta. Todas as potências públicas, participantes materiais do processo social, estão nela envolvidas, sendo ela, a um só tempo, elemento resultante da sociedade aberta e um elemento formador ou constituinte dessa sociedade." HÄBERLE, Peter. *Hermenêutica constitucional*. A sociedade aberta dos intérpretes da Constituição: contribuição para a interpretação pluralista e procedimental da Constituição. Tradução: Gilmar F. Mendes. Porto Alegre: Sérgio Antônio Fabris, 1997. p. 13.

(17) Conf. GUERRA FILHO, Willis Santiago. *Processo constitucional e direitos fundamentais*, cit., p. 39-40.

Retorna-se, assim, ao paradoxo: é exatamente no negociado — sobretudo nos acordos e convenções coletivas do trabalho — onde, em decorrência da possibilidade de flexibilização dos direitos trabalhistas, existe a maior ocorrência de conflitos entre direitos fundamentais. Em conseqüência, é onde se pode encontrar um maior desrespeito aos direitos fundamentais também.

Isso porque a autonomia da vontade não é o único direito fundamental a ser considerado pelo operador do direito; há outros direitos fundamentais em jogo nas relações de trabalho, sobremodo, existe a dignidade humana. Dessa tensão entre autonomia da vontade e outros direitos fundamentais, relembre-se, irá nascer o espaço (o limite) onde a autonomia da vontade poderá se manifestar, qual seja, a autonomia privada.

E esses direitos fundamentais em tensão hão de ser realizados e sopesados — ponderados — para se examinar a constitucionalidade, ou não, da flexibilização ocorrida. É este o controle a ser realizado pelo Estado.

Nesse passo, relembre-se: a decretação de nulidade de cláusula normativa, por ofensa à Constituição, existente em texto de acordo ou convenção coletiva do trabalho, só pode ser procedida em último caso pelo juiz ou tribunal. Afirma-se isso em razão da necessária proteção à segurança jurídica, essencial ao Estado democrático de direito, e do disposto no art. 7º, inciso XXVI, da CF vigente.

Em verdade, tal proceder — protegendo a constitucionalidade das normas advindas dos acordos e convenções coletivas do trabalho — aproxima-se da interpretação conforme a Constituição a ser procedida por qualquer juiz, em qualquer grau de jurisdição, e a qualquer norma infraconstitucional.

Em apoio ao exposto, transcreve-se a lição de *Karl Engish*:

> Sob este aspecto é em si indiferente a que espécie de normas jurídicas (lei, decreto, tratado, nova norma constitucional que colide com uma norma constitucional imutável) vai a referida interpretação conforme à Constituição, desde que a Constituição (em particular a Lei Fundamental) forneça critérios da interpretação "correcta".(18)

Adiante, conclui o acima citado professor alemão, alicerçado na doutrina de outros mestres:

> Deve particularmente ter-se em mente que a interpretação conforme à Constituição não obstante certas interconexões, não pode ser confundida com a interpretação do direito constitucional, e que também não é reservada apenas ao tribunal constitucional... Segundo *Bogs*, a interpretação conforme a Constituição é expressão de um princípio geral da interpretação, a saber, do princípio segundo o qual a norma de hierarquia inferior deve ser interpretada a partir da norma de hierarquia superior.(19)

---

(18) ENGISH, Karl. *Introdução ao pensamento jurídico*. 6. ed. Tradução: J. Batista Machado. Lisboa: Calouste Gulbenkian, 1983. p. 159-160.

(19) *Ibidem*, p. 160-161.

De tal arte, havendo duas ou mais possibilidades de interpretação de uma norma jurídica, incluindo a trabalhista advinda de acordo ou convenção coletiva, não se faz possível decretar a inconstitucionalidade, se uma das interpretações possíveis estiver em consonância com a Constituição, deixando de lado o princípio da aplicação da norma mais favorável nesta hipótese.

A declaração de inconstitucionalidade, ressalte-se, só em último caso, e a interpretação — concretização — dos direitos fundamentais, sempre! Eis o novo norte do direito do trabalho.

Para se aprofundar este tema e se lançar questionamentos à teoria geral do direito do trabalho, necessário se faz estudar a flexibilização (palco privilegiado para a ocorrência de tensão e ofensa de direitos fundamentais), para, assim, se questionar os princípios do direito do trabalho clássico.

# Capítulo 3

# FLEXIBILIZAÇÃO NO NOVO DIREITO DO TRABALHO

## 3.1. Conceito de flexibilização (primeira aproximação)

O conceito de flexibilização é polissêmico e controverso, sendo, por esse motivo, utilizado em diversos sentidos, ensina *Elaine Noronha Nassif*(1). Nesse diapasão, também é a doutrina de *Carlos Roberto Cunha*(2) e de *Arion Sayão Romita*(3).

De tal arte, visando a uma correta percepção e conceituação desse novo instituto do direito laboral, será realizada uma aproximação paulatina de nosso objeto ora em estudo, mas rememorando um pormenor relevante: o conceito de flexibilização ainda está em maturação doutrinária, sendo um conceito jurídico indeterminado. Não há conceito definido e acabado a ser apresentado nesta tese.

Contudo, uma visão (conceito) há de ser adotada. Afinal, defende-se a possibilidade da adoção da flexibilização no direito positivo pátrio, mas, ante os vários conceitos de flexibilização, é necessário definir aquele que será adotado.(4)

Esclarecido isso, torne-se a dizer: flexibilização não é desregulamentação. Não se podem confundir dois institutos diversos. Sobre o tema, necessário transcrever a esclarecedora lição de *Arnaldo Süssekind*:

> Desregulamentação retira a proteção do Estado ao trabalhador, permitindo que a autonomia privada, individual ou coletiva, regule as condições de trabalho. Já a flexibilização pressupõe a intervenção estatal, ainda que básica, com normas gerais, abaixo das quais não se pode conceber a vida do trabalhador com dignidade.(5)

---

(1) NASSIF, Elaine Noronha. *Fundamentos da flexibilização:* uma análise de paradigmas e paradoxos do direito e do processo do trabalho. São Paulo: LTr, 2001. p. 73.

(2) CUNHA, Carlos Roberto. *Flexibilização de direitos trabalhistas à luz da Constituição federal*, cit., p. 116.

(3) Segundo Romita, o conceito de flexibilização parece variar ao sabor das correntes ideológicas. ROMITA, Arion Sayão. *Globalização da economia e direito do trabalho*, cit., p. 55.

(4) Tudo isso só faz lembrar a precisa sentença de Voltaire: "Se pretendes conversar comigo, defina seus termos". DURANT, Will. *História da filosofia*. Tradução: Luiz Carlos do Nascimento Silva. Rio de Janeiro: Nova Cultural, 1996. p. 77.

(5) SÜSSEKIND, Arnaldo. *Direito constitucional do trabalho*. Rio de Janeiro: Renovar, 1999. p. 48.

Portanto, flexibilização, na acepção ora adotada, pressupõe a existência de intervenção estatal. Ou, melhor dizendo, implica a possibilidade de intervenção estatal, na hipótese de proteção de direitos fundamentais dos empregados e empregadores (por exemplo, na proteção da livre manifestação de vontade ou nas condições de saúde e higiene).[6]

Não se adota, assim, as correntes doutrinárias defensoras da flexibilização como sinônimo de desregulamentação. Há direitos fundamentais que devem ser respeitados e concretizados por todos (Estado e sociedade) e isso a flexibilização não pode desconsiderar. Portanto, não é constitucionalmente possível retornar a uma autonomia da vontade coletiva ilimitada, ressuscitando um mítico Estado liberal. Não, a flexibilização compatível com o Estado democrático de direito é centrada na autonomia privada coletiva.

Tal visão — prelecionando acerca de uma flexibilização respeitadora e concretizadora de direitos fundamentais, por ser a única condizente com o Estado democrático de direito — não é tacanha. Ao contrário, é inovadora. Sobremodo se considerarmos que o direito do trabalho clássico, apesar de todo o seu arcabouço teórico (princípio de proteção, por exemplo), infelizmente, nunca alcançou esse objetivo (proteção e concreção efetiva dos direitos fundamentais, como a realidade dos dados socioeconômicos demostram).

Nesse esteio, a correta flexibilização deve privilegiar os denominados parceiros sociais (em nome da autonomia privada individual ou coletiva) e garantir ao trabalhador não apenas um mínimo fundamental, mas todos os seus direitos fundamentais.[7]

Portanto, desregulamentar a ponto de implicar a extirpação — não sopesamento — de direitos fundamentais é ir além do permitido às emendas à Constituição, é pretender ir, portanto, além do autorizado na Constituição. Essa é a visão primeira da flexibilização em um Estado democrático de direito.

Mas há outro dado deveras importante a ser considerado nessa aproximação conceitual: a flexibilização decorre da natural interação entre os direitos fundamentais e o direito do trabalho.

Deveras, se nas lides trabalhistas há conflito entre direitos fundamentais dos empregados e empregadores — e, de fato, há —, esses conflitos são solucionados levando-se em consideração o caso concreto (a busca da solução mais justa).

Assim, em determinada hipótese, poderá prevalecer o direito fundamental à autonomia da vontade e ao trabalho, em face ao direito ao repouso remunerado

(6) Assim, na Europa contemporânea encontrar-se-á vasta legislação penal-trabalhista protetora da livre manifestação sindical, sobremodo da autonomia da vontade coletiva.

(7) Como já exposto alhures, não se tratará da ontologia das normas de direitos fundamentais, mas, mesmo quando compreendidos em sua acepção mais tradicional, os direitos fundamentais, ou seja, como direitos de vida e liberdade (tradicional concepção burguesa), não se pode esquecer os desdobramentos da teoria do mínimo existencial. Tal desdobramento permite proteger a saúde, a educação, o lazer do trabalhador, entre outras coisas.

(evidentemente estamos a pensar numa redução e não num tolhimento total do direito ao descanso remunerado). Noutros casos, o direito ao repouso semanal remunerado poderá prevalecer, sobremodo se houver comprometimento do direito à saúde do empregado.

Ora, esse jogo a flexibilização permite, pois esta decorre de tensão (conflito) entre direitos fundamentais.

Mas há mais. Por exemplo, às vezes, um empregador vê limitado o seu poder diretivo em razão da necessidade de se respeitar algum direito fundamental do empregado. Desta forma, neste caso, pode-se concluir que esse clássico direito do empregador (poder diretivo) foi atenuado (flexibilizado).

Deveras, a flexibilização poderá "atentar" tanto contra o sacro princípio de proteção quanto contra o clássico poder de direção do empregador. Flexibiliza-se o direito do trabalho em suas duas vias! Sim, o poder de direção do empregador não poderá excluir por completo, evidentemente, nenhum direito fundamental do empregado! Na lição de *Maria Carolina Seoane Torres*:

> *De allí que se observe que los poderes de dirección y fiscalización del empleador — este último entendido como una "función necesaria que sigue a la función directiva y de mando, y precede a la función disciplinaria en el sentido de que el poder directivo y mando no tendrá efecto sin la función fiscalizadora, y esta última se encuentra ligada intimamente a los demás poderes" — no son absolutos, pues están limitados por el respeto a los derechos fundamentales de los trabajadores.*[(8)]

Portanto, atribui-se ao instituto da flexibilização uma visão maior da comumente prelecionada, pois este instituto pode ser visualizado em dois aspectos.

Primeiro, se visualiza a flexibilização em sua feição tradicional (flexibilização dos direitos dos trabalhadores). Segundo, numa nova visão desse instituto, percebe-se a atenuação dos direitos clássicos dos empregadores (numa "flexibilização" desses direitos), como demonstrado na doutrina transcrita no parágrafo anterior.

Para bem se compreender essa nova visão do fenômeno flexibilização e o conceito a ser fixado nesta tese, necessário é continuar a aproximação, lançando a seguinte questão: quando tal fenômeno teria surgido no mundo do direito do trabalho?

### *3.1.1. Segunda aproximação do conceito de flexibilização: perspectiva histórica — surgimento e consolidação na Constituição de 1988*

A doutrina de *Carlos Roberto Cunha* aponta o início dos anos oitenta do século passado como o momento histórico no qual a flexibilização teria aparecido

(8) SEOANE TORRES, Maria Carolina. Temas sobre derechos constitucionales. Colectivo de Autores. *El derecho a la intimidade en el âmbito de las relaciones de trabajo.* Valencia: Vadell Hermanos, 2003. p. 254.

no mundo jurídico.[9] Nesse contexto, a crise econômica é apontada como causa e fundamento da flexibilização.[10]

Destrinçando a íntima conexão existente entre a economia, o direito e a ciência política, pontue-se o seguinte: o surgimento do fenômeno da flexibilização dos direitos trabalhistas coincide — em termos históricos (e não por acaso) — com a superação (falência) do Estado social pelo Estado democrático de direito.

Colabora com o acima afirmado escólio de *Renato Rua de Almeida*, cujo teor é o seguinte:

> A crise do petróleo em 1974 e o desenvolvimento da energia atômica e da eletrônica provocaram duas conseqüências importantes: uma de ordem econômica e outra na mudança do perfil do Estado, que de Estado-Nação passou a ser Estado democrático de direito. Ambas as conseqüências provocaram refluxos diretos nos postos de trabalho e na regulação do conteúdo da relação de emprego.[11]

Espelhando tal realidade histórica, registre-se que a Constituição vigente, promulgada em 1988 — instituidora de um Estado democrático de direito no Brasil — legitimou, expressamente, a flexibilização de alguns direitos trabalhistas, quais sejam, a redução salarial e a adequação da jornada de trabalho.

De tal arte, a flexibilização encontra base — fundamento — na CF vigente. Mas é uma flexibilização a depender, sempre, de autorização coletiva (privilegiando-se a autonomia privada coletiva), pois há de estar prevista em convenção ou acordo coletivo do trabalho, como se deflui da leitura do disposto no art. 7º, incisos VI, XIII e XIV, da CF vigente.

*Alice Monteiro de Barros* denomina essa flexibilização de flexibilização autônoma. Na lição dessa professora de Minas:

> A "desregulamentação normativa" imposta unilateralmente pelo Estado (flexibilização heterônoma) é considerada por alguns doutrinadores como "selvagem". *Em contrapartida a ela surge uma "regulamentação laboral de novo tipo", a qual pressupõe a substituição das garantias legais pelas garantias convencionais (flexibilização autônoma), com primazia da negociação coletiva.*[12] (grifo nosso)

Este arquétipo de flexibilização trabalhista, no qual as normas advindas de acordos e convenções coletivas de trabalho sobrepõem-se às normas estatais (respeitados e concretizados os direitos fundamentais) é compatível com o ordenamento jurídico brasileiro vigente (com o Estado democrático de direito).

---

(9) CUNHA, Carlos Roberto. *Flexibilização de direitos trabalhistas à luz da Constituição federal*, cit., p. 113.

(10) FRANCO FILHO, Georgenor de Sousa. *Globalização e desemprego:* mudanças nas relações de trabalho. São Paulo: LTr, 1998. p. 109.

(11) ALMEIDA, Renato Rua de. Teoria da empresa e a regulação da relação de emprego no contexto da empresa. *Revista LTr*, São Paulo: LTr, v. 69-5, p. 574, 2005.

(12) BARROS, Alice Monteiro de. *Curso de direito do trabalho.* São Paulo: LTr, 2005. p. 82.

Para se chegar a tal conclusão, é suficiente centrar a atenção na Constituição vigente, pois esta privilegiou os acordos e convenções coletivas do trabalho (art. 7º, inciso XXVI, da CF). Tutela-se a autonomia privada coletiva.

De tudo isso, o TST deriva e proclama a existência e a adoção do princípio constitucional da flexibilização na CF vigente.(13)

Portanto, consoante pontificado no tópico pertinente, a decadência do direito do trabalho clássico e o surgimento da flexibilização também corresponde, empiricamente, à superação do Estado social e ao agravamento da crise econômica mundial decorrente da crise do petróleo ocorrida em meados dos anos 70 do século passado.

Assim, coliga-se, num primeiro momento, a crise do direito do trabalho clássico (crise iniciada nos anos oitenta do século findo) e a paulatina consolidação do Estado democrático de direito ao surgimento da flexibilização.(14)

Infere-se, então, o seguinte: a flexibilização nos moldes aqui traçados — respeito e concreção dos direitos fundamentais — está, ontologicamente, correlacionada ao Estado democrático de direito.

Mas há um *plus*: considerando ser a aplicação dos direitos fundamentais às relações trabalhistas (privadas) ontologicamente coligada a esse modelo de Estado, a flexibilização mitiga os clássicos poderes (direitos) dos empregadores. Sim, os tradicionais poderes potestativos estão atenuados.

Todavia, é necessário se esmiuçar ainda mais esse complexo fenômeno e entender as várias espécies de flexibilização para, enfim, se lançar o conceito adotado nesta tese.

Este tema será enfrentado ao se responder a seguinte pergunta: o que é flexibilização?

## 3.2. Diversas espécies de flexibilização e nosso conceito de flexibilização

*Georgenor de Sousa Franco Filho*, escudado na doutrina de *Tiziano Treu*, demonstra a existência de quatro tipos de flexibilização,(15) a saber: a) numérica: procura viabilizar a livre contratação e a demissão de empregados; b) flexibilização do tempo de trabalho: objetiva diminuir os custos da manutenção do nível de emprego. É

(13) Nesse sentido, prelecionando acerca da existência do princípio da flexibilização, *vide*, exemplificativamente, TRIBUNAL SUPERIOR DO TRABALHO. Ac. TST – 4ª T – AI 49274/2002-900-09-00, julgado em 17 de novembro de 2004, Rel. Milton de Moura França. Disponível em: <http://www.tst.gov.br/> Acesso em: 7 mar. 2005.

(14) Não se olvide outro dado relevante, a flexibilização, também, deflui do processo de globalização atualmente em curso. Nesse sentido, cite-se a doutrina de CORDEIRO, Wolney de Macedo. *A Regulamentação das relações de trabalho individuais e coletivas no âmbito do Mercosul*. São Paulo: LTr, 2000. p. 50-51.

(15) Conf. FRANCO FILHO, Georgenor de Sousa. *Globalização e desemprego:* mudanças nas relações de trabalho, cit., p. 114.

reconhecida no ordenamento constitucional (art. 7º, incisos XIII e XIV); c) funcional: diz respeito à organização funcional da empresa; d) salarial: igualmente reconhecida na CF (art. 7º, inciso VI).

Dessas espécies de flexibilização, duas são aceitas, sem sombra de dúvidas, pelo ordenamento jurídico brasileiro: flexibilização do tempo de trabalho e flexibilização salarial.

Segundo ilação do TST, dessas duas espécies de flexibilização trabalhista — autorizadas na Constituição —, decorrem outras conseqüências. Pertinente, nesse passo, transcrever trecho do voto do Ministro *Ives Gandra da Silva Martins Filho*, proferido em recente julgado no TST: RR n. 5/2001-056-15-00.4:

> Com efeito, a tolerância para a marcação dos cartões de ponto encontra respaldo nas hipóteses de flexibilização autorizadas pela Constituição Federal, *pois, se a Carta Magna admite a redução dos dois principais direitos trabalhistas, que são o salário (CF, art. 7º, VI) e a jornada de trabalho (CF, art. 7º, XIII e XIV), todos aqueles que deles decorrem também são passíveis de flexibilização.*[16] (grifo nosso)

Estariam autorizados, acrescente-se, se não for suprimido nenhum direito fundamental. Esse é o limite.[17] Isso considerado, lance-se o conceito de flexibilização esposado nesta tese.

Considerando o ordenamento jurídico vigente, define-se a flexibilização trabalhista como um instrumento jurídico constitucional posto à disposição dos empregados e empregadores, que visa a possibilitar a adaptação das normas trabalhistas às diferentes realidades socioeconômicas do Brasil, com respeito e concreção dos direitos fundamentais, mitigando-se, conforme a hipótese fática, direitos dos empregados e dos empregadores.[18]

---

(16) TRIBUNAL SUPERIOR DO TRABALHO. Ac. TST – 4ª T. – Proc. RR n. 005-2001-056-15-00, julgado em 7 de dezembro de 2005. Rel. Min. Ives Granda Martins Filho. Disponível em: <http://www.tst.gov.br/>. Acesso em: 16 maio 2006.

(17) Ainda neste capítulo, em tópico posterior, irá se tratar dos limites de uma correta flexibilização, acentuando, porém, que direitos fundamentais podem ser relativados quando em tensão, mas não suprimidos. Nesse sentido, defesa de direito fundamental do trabalhador, o STF já se pronunciou. De fato, nos autos do processo RE n. 205.815-7 RS, inspirador da Súmula n. 675 deste Tribunal, o Min. Celso de Melo assim se pronunciou: "A garantia constitucional da jornada especial de seis horas de trabalho — como acentua autorizado magistério doutrinário (VALENTIN CARRION, "Comentários à Consolidação das Leis do Trabalho", p. 99, 22. ed., 1997, Saraiva) — destina-se a proteger o empregado 'sujeito a regime de trabalho que contraria o relógio biológico do ser humano, sem lhe permitir a adaptação a ritmos cadenciados estáveis'. É por essa razão que o ordenamento jurídico prescreveu, em tais condições laborais de extrema adversidade social e biológica, que a duração de 6 (seis) horas, nos termos da Carta da República, deve constituir a jornada normal de trabalho. Entendo, por isso mesmo, que as decisões proferidas pelas instâncias judiciárias inferiores deram, a meu juízo, adequada interpretação à norma inscrita no art. 70, XIV, da Constituição." Ac. STF – Pleno – Proc. RE n. 205.815-7, julgado em 4 de dezembro de 1997, voto do Min. Celso de Mello. Disponível em: <http://www.stf.gov.br/Jurisprudencia/> Acesso em: 25 set. 2006.

(18) Acerca dessa possibilidade de se ajustar o direito do trabalho, por meio da flexibilização, às diferentes realidades, a pena de Octavio Magano e de Estêvão Mallet é precisa: "Sinteticamente, pode-se dizer que a flexibilização do direito do trabalho é o processo de adaptação de normas trabalhistas à realidade cambiante". MAGANO, Octavio Bueno *et al. O direito do trabalho na Constituição.* 2. ed. Rio de Janeiro: Forense, 1993. p. 105.

E mais, a flexibilização é decorrência ontológica do próprio Estado democrático de direito, pois nesta há interação e aplicação dos direitos fundamentais no âmbito do direito do trabalho. Por essa via, a flexibilização supera princípios clássicos do direito do trabalho, notadamente o princípio de proteção, e mitiga o poder de direção do empregador.

## 3.3. Flexibilização e reviver do direito do trabalho

Lançado o conceito de flexibilização desta tese, concorda-se com a afirmação de que a flexibilização é um fenômeno inexorável, sem representar, contudo, a decadência, ou mesmo o fim, do direito do trabalho.

De fato, mais do que uma simples decadência do direito laboral, a flexibilização, se devidamente fiscalizada e limitada (regulada) pelo Estado (com a proteção dos direitos fundamentais dos empregados e empregadores), pode representar a sobrevivência e o reavivamento condigno desse ramo do direito.

Como se sabe, a flexibilização de um direito pode — deve — ser oriunda de uma transação global. Ou seja, se o trabalhador cedeu — transacionou — um direito foi porque obteve ganho noutro. Se assim o for, a depender das condições fáticas e do direito transacionado, a flexibilização é legítima e representa uma manifestação do direito de liberdade (autonomia privada).

Em um outro ponto, a flexibilização dos direitos trabalhistas apresenta-se positiva, se realizada corretamente. Trata-se da hipótese de adaptabilidade do direito do trabalho a condições e especificidades de uma determinada profissão ou região. De fato, quando se tem um direito legislado, é impossível ao legislador pensar em todas as particularidades de um país tão imenso e desigual quanto o Brasil. E essa impossibilidade pode levar a injustiças, pode desproteger, ao invés de proteger o trabalhador.

De tal arte, se a flexibilização for bem utilizada, pode significar a correção (adaptação) do direito do trabalho às mais diversas situações fáticas, tornando-o mais justo e, por conseguinte, mais compatível com o modelo de Estado democrático de direito.

Deveras, tal modelo de Estado estimula a democrática e livre participação de todo e qualquer cidadão, inclusive o trabalhador, na elaboração de normas jurídico-sociais que irão regular a vida em todos os setores da sociedade. Mas, para tanto, há um limite: o respeito, a concretização e a harmonização dos direitos fundamentais.

## 3.4. Limites da flexibilização: direitos fundamentais e flexibilização

Portanto, em um Estado democrático de direito, há um limite ao negociado, ao flexibilizado, em todos os campos da atividade humana. Diverso não é no campo do direito do trabalho. Há limites, portanto, à flexibilização, que não são mais o disposto em lei ou convenção coletiva, consoante estabelece o art. 444 da CLT vigente.

O limite é o respeito e a concreção de direitos fundamentais dos empregados e empregadores. Nesse sentido, no âmbito de um Estado democrático de direito, a lei, ou qualquer outro instrumento normativo, incluindo os acordos e convenções coletivas do trabalho, devem ser interpretados em conformidade com os direitos fundamentais. Tudo isso sem se descurar de outro direito fundamental dos empregados e empregadores: a autonomia da vontade (derivação do direito fundamental à liberdade, sem o qual não haveria de se falar em direito do trabalho).

Mas a autonomia da vontade não é — ainda bem — o único direito fundamental a ser considerado pelo operador do direito; há outros direitos fundamentais em jogo, sobremodo, o direito à dignidade humana. Aliás, deste embate entre autonomia da vontade e outros direitos fundamentais, surge a autonomia privada, esta, sim, reconhecida e tutelada pelo ordenamento jurídico.

Não se faz possível, assim, adotar como limite à flexibilização tão-somente o cumprimento de dois requisitos acolhidos pelo TST em alguns julgados, quais sejam, primeiro, ser prevista em norma coletiva; segundo, quando "a mudança favorece a ampliação do mercado de trabalho".[19]

Não, o TST não pode olvidar a possibilidade de ofensa a direitos fundamentais e considerar tão-somente os dois requisitos acima explicitados (previsão em norma coletiva e ampliação do mercado de trabalho), como o fez em alguns julgados. Em um Estado democrático de direito, qualquer violação a direito fundamental sofre a pecha de inconstitucionalidade e pode — deve — ser anulada, até mesmo de ofício, pelo Poder Judiciário.[20]

Suprimir os direitos fundamentais nem ao Constituinte derivado é autorizado! Portanto, é impossível pensar-se que os empregados e empregadores assim pudessem fazê-lo por meio de acordo e convenções coletivas.

Caso adotados apenas esses dois critérios como requisito de validade (constitucionalidade) da flexibilização trabalhista (previsão em norma coletiva e o favorecimento da ampliação do mercado de trabalho), olvidando-se da proteção de outros direitos fundamentais coligados à proteção da dignidade da pessoa humana, estar-se-á criando na seara trabalhista uma autonomia da vontade coletiva (com pretensões ilimitadas) ao invés de uma autonomia privada coletiva (esta sim a merecer proteção do Estado democrático de direito). Tal postura não é mais aceita pela doutrina hodierna.

---

(19) TRIBUNAL SUPERIOR DO TRBALHO. Ac. TST – SDI-1 – Proc. E-RR N. 372.757-1997.91, julgado em 3 de junho de 2002. Rel. Min. Milton de Moura França. Disponível em: <http://www.tst.gov.br/> Acesso em: 16 maio 2006.

(20) Em verdade, os direitos fundamentais podem apenas sofrer um processo de relativização quando ocorrer conflito entre esses direitos, mas, mesmo nesta hipótese, um núcleo essencial deve ser preservado.

# Quarta Parte

# Fundamentos de uma nova teoria geral do Direito do Trabalho em um Estado Democrático de Direito

# Capítulo 1

# REVISÃO DOS PRINCÍPIOS E INSTITUTOS DA TEORIA GERAL DO DIREITO DO TRABALHO

## 1.1. Introdução

Nesta introdução, é necessário se fixar, preambularmente, o seguinte axioma: a autonomia científica do direito do trabalho afigura-se incontestável hodiernamente.[1]

O axioma exposto no parágrafo anterior, entretanto, deve ser considerado por um prisma, qual seja: a autonomia de um ramo da ciência do direito "não quer significar, de modo algum, em separação estanque, rompimento com o restante do corpo jurídico", ensina *Evaristo de Moraes Filho*[2]. Nada mais correto!

Portanto, não se pode pensar o direito do trabalho em separado da ciência do direito. Não. Autonomia não significa isso. Entretanto, autonomia — e não independência — há na seara do mundo jurídico contemporâneo.

E essa autonomia existe, sobremodo, quando determinado ramo da ciência jurídica cumpre três requisitos básicos, ensina a doutrina: vastidão de matéria legislativa, institutos específicos e princípios orientadores próprios.[3]

A respeito do tema, preleciona *Arion Sayão Romita*:

> A fixação dos princípios de dada disciplina jurídica é essencial quando se cuida de afirmar a autonomia científica e didática dessa disciplina. Certo ramo do direito só pode reivindicar autonomia em face dos demais quando assentar-se em princípios próprios e possuir institutos específicos.[4]

Esses dois últimos fatores — existência de institutos e princípios próprios — serão examinados em detalhes nesta tese, pois são as maiores notas diferenciadoras do direito do trabalho em relação aos demais ramos da ciência do direito.[5]

---

(1) Nesse sentido, aliás, é a lição de Arion Sayão Romita. Conf. ROMITA, Arion Sayão. *O princípio da proteção em xeque*. O princípio da proteção em xeque e outros ensaios. São Paulo: LTr, 2003. p. 21-22.

(2) MORAES FILHO, Evaristo de. *Introdução ao direito do trabalho*. v. 1. Rio de Janeiro: Forense, 1956. p. 383.

(3) MORAES FILHO, Evaristo de. Ob. cit., p. 383 e ROMITA, Arion Sayão. Ob. cit., p. 21.

(4) ROMITA, Arion Sayão. *O princípio da proteção em xeque*, cit., p. 21.

(5) A tal conclusão chega Evaristo de Moraes Filho, após estudar proficiente doutrina estrangeira, aduzindo: "Isto é, deve apresentar especialidade de princípios gerais, novidade de matéria orgânica, inteireza de disciplina sistemática

Todavia, cabe um esclarecimento preliminar: não se está a tratar, neste momento, das normas-princípios.(6) Não. Neste momento da tese, não se vislumbra os princípios fundamentais e orientadores de determinado ramo da ciência do direito como normas jurídicas.

Cuida-se, sim, neste momento, dos princípios em sua acepção tradicional, ou seja, como fonte material do direito a inspirar o legislador na feitura da lei e o juiz no momento de sua aplicação. Ou, nas palavras de *Miguel Reale*, estudam-se, agora, os princípios como:

> [...] verdades fundantes de um sistema de conhecimento, como tais admitidas, por serem evidentes ou por terem sido comprovadas, mas também por motivos de ordem prática operacional, isto é, por pressupostos exigidos pelas necessidades da pesquisa e da *praxis*.(7)

No escólio de *Celso Antônio Bandeira de Mello*:

> Princípio é, por definição, mandamento nuclear de um sistema, verdadeiro alicerce dele, disposição fundamental que se irradia sobre diferentes normas, compondo-lhes o espírito e servindo de critério para a sua exata compreensão e inteligência, exatamente por definir a lógica e a racionalidade do sistema normativo, no que lhe confere a tônica e lhe dá sentido harmônico. É o conhecimento dos princípios que preside a intelecção das diferentes partes componentes do todo unitário que há por nome sistema jurídico positivo.(8)

Na seara trabalhista, tradicionalmente, o princípio peculiar, ou princípio-cerne, na acepção de *Manoel Jorge e Silva Neto*(9), do direito do trabalho é o princípio de proteção ou princípio protetor,(10) do qual deriva, em tese, toda validade e lógica interna das normas trabalhistas clássicas.

Por sua vez, existem institutos, também, próprios do direito do trabalho, tais como acordos e convenções coletivas, poder de direção do empregador etc.(11) Portanto, princípio e institutos particulares, o direito do trabalho os possui, decorrendo, daí, a sua propalada autonomia científica. Mas estariam esses institutos e

---

da matéria, já que tem como objeto relações concretas que ostentam uma função comum e a mesma essência". Conf. MORAES FILHO, Evaristo de. *Introdução ao direito do trabalho*, cit., p. 396-397.

(6) O conceito de norma-regra e norma-princípio (duas espécies normativas reconhecidas pela ciência do direito atual) já foi explicitado nesta tese.

(7) REALE, Miguel. *Lições preliminares de direito*, cit., p. 299.

(8) MELLO, Celso Antônio Bandeira de. *Elementos de direito administrativo*. São Paulo: Revista dos Tribunais, 1981. p. 230.

(9) Conf. SILVA NETO, Manoel Jorge e. *Curso de direito constitucional do trabalho*. São Paulo: Malheiros, 1998. p. 117.

(10) Evidentemente, são inúmeras as denominações deste princípio pelas doutrinas nacional e estrangeira; encontrar-se-á, assim, por exemplo, a expressão princípio tuitivo protetor, de proteção ao hipossuficiente etc. Achamos ser mais exata a expressão princípio de proteção, seguindo o escólio de nosso orientador, ROMITA, Arion Sayão. *O princípio da proteção em xeque*. Princípio da proteção em xeque e outros ensaios, cit., p. 23.

(11) Lança-se, aqui, um primeiro questionamento ao princípio de proteção: em um direito protetor da parte mais fraca da relação contratual (o empregado), como pretende ser o direito do trabalho clássico, institutos como este — poder de direção do empregador — não deveriam existir, pois contradizem a lógica do sistema de proteção. Mas não será sob este ângulo o nosso questionamento da validade do princípio de proteção.

princípios condizentes com o atual estágio geral da ciência do direito? Haveria novos institutos e princípios a surgir no direito do trabalho?

A resposta à primeira pergunta é não. Apenas a resposta à segunda questão é afirmativa. Há princípios superados e há novos princípios a serem erigidos nas hostes trabalhistas.

Entretanto, será questionado, exemplificativamente, o princípio de proteção e o clássico poder diretivo (potestativo) do empregador (instituto jurídico típico do direito do trabalho), demonstrando-se, assim, a incompatibilidade destes com a jurisprudência de valores e com o Estado democrático de direito (incompatibilidade existente em decorrência da aplicação dos direitos fundamentais às relações privadas).

Impossível e incorreto, portanto, pensar o direito do trabalho como antes.

Nos próximos tópicos serão questionados esses dois mitos do direito do trabalho clássico (o princípio-mor de proteção e o poder de direção do empregador, realçada a existência de ontológica contradição entre estes, verdadeira aporia, e o Estado democrático de direito) para, posteriormente, se pensar em outros princípios do direito do trabalho e em uma nova visão dos seus clássicos institutos, sobretudo, uma nova visão do poder de direção do empregador.[12]

## 1.2. Princípio de proteção: questionamentos

### *1.2.1. Princípio de proteção: definição*

Apesar de recente, do ponto de vista histórico, o princípio de proteção já possui vasta preleção doutrinária.[13] Recorre-se aos ensinamentos de *Mauricio Godinho Delgado* acerca desta matéria:

---

(12) Conforme explanado a seguir, denomina-se poder de direção do empregador o que parte da doutrina nacional denomina poder empregatício. Expressão esta cunhada por DELGADO, Mauricio Godinho. *Curso de direito do trabalho*, cit., p. 624-626. Entretanto, pode-se entender as expressões como sinônimas e assim pode-se defluir do poder de direção do empregador o poder diretivo, o poder regulamentar, o poder fiscalizatório e o poder disciplinar, como faz o citado doutrinador mineiro. Aliás, o Juiz Arnaldo Boson Paes, em trabalho realizado no curso de doutorado em direito da Universidade Castilla-La Mancha, Espanha, trata as duas expressões como sinônimas e aduz: "Inserem-se no poder de direção, como manifestação do poder de organização, a capacidade de definição dos fins econômicos, determinação da estrutura, fixação dos espaços empresariais internos, com delimitação dos cargos e funções, além de detalhamento do processo de realização do trabalho, com especificação e orientação quanto ao modo de prestação de serviços. Como desdobramento do poder de direção, inclui-se o poder regulamentar, traduzido na capacidade de elaborar o denominado regulamento de empresa, que fixará as regras gerais a serem observadas no âmbito empresarial. Também insere-se o poder fiscalizatório ou de controle, pelo qual o empregador detém um conjunto de prerrogativas de fiscalizar as tarefas profissionais, propiciando o acompanhamento contínuo da prestação de trabalho e a própria vigilância efetiva dentro do espaço empresarial interno. Por fim, integra o poder empregatício o de exercer a atividade disciplinar, que importa assegurar ao empregador um conjunto de prerrogativas destinadas a propiciar a fixação de sanções aos empregados em decorrência do descumprimento por estes de suas obrigações contratuais". Conf. PAES, Arnaldo Bóson. *O poder de direção do empregador e a eficácia dos direitos fundamentais no contrato de trabalho.* Disponível em: <http://www.trt22.gov.br/institucional/gabinetes/gdabp/estudos/direcao.pdf> Acesso em: 19 maio 2006.

(13) Não consideramos longo, do ponto de vista histórico, o período de quase dois séculos de existência do direito do trabalho.

Informa este princípio que o direito do trabalho estrutura em seu interior, com suas regras, institutos, princípios e presunções próprias, uma teia de proteção à parte hipossuficiente na relação empregatícia — o obreiro —, visando retificar (ou atenuar), no plano jurídico, o desequilíbrio inerente ao plano fático do contrato de trabalho.[14]

Aliás, consoante preleciona o mencionado professor, parte importante da doutrina aponta este princípio como cardeal do direito do trabalho.[15] Desta orientação não diverge *Sérgio Torres Teixeira*, derivando, na esteira de outros doutrinadores, deste princípio-mor do direito do trabalho clássico, três regras ou subprincípios fundamentais: *in dubio pro operario*, a aplicação da regra mais favorável e a adoção da condição mais benéfica.[16]

O princípio *in dubio pro operario* orienta o operador do direito do trabalho a adotar a interpretação mais favorável ao trabalhador, na hipótese de existência de mais de uma interpretação possível.

O princípio da norma mais favorável é, aparentemente, simples. Nesse prumo, o verdadeiro critério de hierarquia das normas jurídicas reguladoras de uma relação de emprego (notadamente do contrato de trabalho) seria o grau de proteção oferecido pelas normas ao trabalhador. Assim, uma lei, ou mesmo uma norma coletiva (advinda ao mundo jurídico por meio de acordo ou convenção coletiva) ou contratual (individual), deve prevalecer, por exemplo, sobre uma norma constitucional. Para tanto, basta cumprir uma condição: ser mais benéfica ao empregado.[17]

O princípio da condição mais benéfica aproxima-se e interage com o instituto do direito adquirido e dele se deflui que as cláusulas contratuais não podem ser modificadas para prejudicar o empregado.[18] O art. 468 da CLT espelha a positivação deste princípio.

Eis em suma, as linhas básicas do princípio de proteção. Definido o princípio de proteção e especificados os seus subprincípios, cabe, agora, lançar questionamentos centrados em um aspecto principal: a teoria condiz com a realidade normativa constitucional?

A resposta é não.[19]

(14) DELGADO, Mauricio Godinho. *Curso de direito do trabalho*, cit., p. 196-197.

(15) *Ibidem*, p. 197.

(16) TEIXEIRA, Sérgio Torres. *Proteção à relação de emprego*. São Paulo: LTr, 1998. p. 64.

(17) Nesse sentido, colhe-se a lição do professor Amauri Mascaro Nascimento: "Ao contrário do direito comum, em nosso direito, a pirâmide que entre as normas se forma terá como vértice não a Constituição Federal ou lei federal ou as convenções coletivas de modo imutável. O vértice da pirâmide da hierarquia das normas trabalhistas será ocupado pela norma mais favorável ao trabalhador dentre as diferentes em vigor". NASCIMENTO, Amauri Mascaro. *Curso de direito do trabalho*. 7. ed. São Paulo: Saraiva, 1989. p. 164-165.

(18) Doutrinadores do porte de Mauricio Godinho Delgado derivam outros subprincípios do princípio de proteção, mas, no âmbito desta tese, contentar-nos-emos apenas com estes três. DELGADO, Mauricio Godinho. *Curso de direito do trabalho*, cit., p. 197.

(19) Tudo isso faz lembrar uma máxima do professor Charcot, um dos maiores mestres de Freud: "La théorie c'est bon; ça n'empêche pas d'exister". Vertendo para o vernáculo temos: "Teoria é bom, mas não impede que as

### 1.2.2. *Princípio de proteção: questionamentos*

Caso se tomem como verdadeiros os axiomas expostos no tópico anterior, pode-se concluir, açodadamente, o seguinte: considerando o princípio de proteção e os seus subprincípios, e tendo em vista a majoritária teoria geral do direito do trabalho, conclui-se que o salário do empregado é irredutível, que a jornada de trabalho não pode ser alterada para prejudicar o empregado etc.[20] Em resumo, as conclusões serão erradas!

Sim, uma visão apenas teórica da realidade doutrinária dar-nos-ia, se se levar a sério o princípio de proteção sacramentado nesta doutrina telúrica, uma visão totalmente diferente da vigente realidade normativa. De qual direito e de que Estado estaria a doutrina falando? Do direito do trabalho pátrio vigente?

Esses questionamentos podem ser lançados, pois, como se sabe, mediante acordo ou convenção coletiva do trabalho, é possível a redução salarial e a alteração na jornada de trabalho, mesmo quando prejudiciais, em tese, ao empregado. São possíveis, portanto, no direito hodierno, alterações contratuais *in pejus* para o trabalhador. O princípio de proteção, se ainda existe, já não é mais o mesmo.[21]

E assim o é porque a Constituição vigente autoriza. De tal arte, concorda-se com *Arion Sayão Romita* quando este afirma que se o princípio de proteção foi outrora válido no Brasil, não mais o é, a partir da Constituição de 1988.[22] Tem-se, agora, o princípio da flexibilização, que mitiga o princípio de proteção, concatenando-se com outro contexto constitucional.

De fato, nesse cenário de reformulação e superação do princípio de proteção, um outro dado jurídico se mostra por demais relevante: com a Constituição de 1988, a República Federativa do Brasil passou a ser um Estado democrático de direito.

Desta forma, considerando o arquétipo de modelo estatal adotado na Constituição vigente, o Estado e a sociedade brasileira são comprometidos com a concretização da justiça e com a realização dos direitos fundamentais. Assim, tal concretização só se opera tendo em conta as particularidades do caso concreto, refutando-se, portanto, posições parciais tomadas *a priori*, pois estas podem conduzir

---

coisas existam". Anote-se, ainda, que, segundo os estudiosos da vida e obra de Freud, esta citação era a favorita deste outro mestre de Viena, sendo repetida em diversas passagens de sua grande obra. Ver FREUD, Sigmund. *Obras psicológicas completas de Sigmund Freud*. Tradução: Jayme Salomão. 3. ed. Rio de Janeiro: Imago, 1994, v. I e III, p. 205 e 23, respectivamente.

(20) Conclui-se, também, que as normas oriundas de acordos e convenções coletivas, quando mais benéficas ao trabalhador, incorporam-se ao contrato de trabalho, que quando a norma trabalhista for mais benéfica ao trabalhador, não se faz possível sequer o controle de constitucionalidade etc. Ou seja, os equívocos seriam muitos!

(21) Aliás, também por meio legislativo ordinário, o princípio de proteção tem sido atenuado como bem percebe BARROS, Alice Monteiro de. *Curso de direito do trabalho*. São Paulo: LTr, 2005. p. 171-172. Süssekind também percebe que a flexibilização é uma "fenda no princípio da inderrogabilidade das normas de proteção ao trabalho". Conf. SÜSSEKIND, Arnaldo. *Instituições do direito do trabalho*. 21. ed. São Paulo: LTr, 2003. p. 204.

(22) ROMITA, Arion Sayão. *O princípio da proteção em xeque*. Princípio da proteção em xeque e outros ensaios, cit., p. 25.

a injustiças.[23] E a concretização (legalização) de uma injustiça é a antítese do Estado democrático de direito.

Outrossim, no contexto desse modelo de Estado, a participação popular, em todos os âmbitos da vida pública e privada, inclusive na seara das relações de trabalho, deve ser estimulada e prestigiada.[24]

Por essa visão, o direito do trabalho não deve existir apenas para proteger o empregado, mas, de igual forma, o empregador, almejando a Justiça da relação contratual. Nesse contexto, a negociação coletiva deve ser estimulada e prestigiada.[25]

Este é o modelo de direito do trabalho compatível com o Estado democrático de direito e com a teoria geral do direito que lhe corresponde: a jurisprudência de valores. Um direito do trabalho comprometido com a concreção simultânea e harmônica dos direitos fundamentais de todas as pessoas envolvidas em uma relação de trabalho (sim, não há negar aos empregadores direitos fundamentais contrapostos, pois assim o exige o Estado democrático de direito[26]). Em suma, um direito do trabalho comprometido com a realização da justiça.

Nesse prumo, constata-se que é curial a ocorrência de conflito entre direitos fundamentais na seara trabalhista. E, havendo conflito entre esses direitos, a solução é se recorrer ao princípio da proporcionalidade para encontrar a solução

---

(23) Relembre-se a imensa possibilidade de dissonância entre o princípio de proteção e a realidade socioeconômica brasileira, mencionando-se, uma vez mais, "precedente" ocorrido no Ceará e, infelizmente não tão raro em todo este Brasil, consoante a experiência de magistratura trabalhista nos mostra, conta Lima: "Diante do pretório, o empregado e o patrão, ambos com sintoma de infinita pobreza; o primeiro reclama soma elevada de diferença salarial, 13º, férias, horas extras, salário-família, indenização de antigüidade, anotações de CTPS; o reclamado não sabe sequer se manifestar em contestação, limita-se a dizer que não tem condição financeira para pagar qualquer indenização, mesmo com prejuízo do sustento próprio e da família (claro que expresso em linguagem coloquial); o Juiz-Presidente propõe a conciliação e para a surpresa de todos, o reclamado oferece a bodega ao reclamante na condição de este o empregar com carteira assinada e salário-mínimo. O reclamante rejeitou a proposta, dizendo que a bodega (contra a qual reclamava) não suportava tal encargo". LIMA, Francisco Meton Marques de. *Princípios de direito do trabalho na lei e na jurisprudência.* São Paulo: LTr, 1994. p. 81-82.

(24) Nesse sentido, confira-se a preleção de ROMITA, Arion Sayão. *O princípio da proteção em xeque.* Princípio da proteção em xeque e outros ensaios, cit., p. 34-35.

(25) Lenio Luiz Streck recorre à lição do professor Vicente Paulo Barreto para pontificar, em escólio pertinente à tese, o seguinte: "Mas, segundo Barreto, a tolerância torna-se dessa forma virtude política essencial para a realização dos objetivos últimos do Estado democrático de direito e, como tal, faz parte do arcabouço hermenêutico na aplicação da lei. Trata-se de uma qualidade da sociedade que obriga o intérprete da lei e o legislador a considerar a norma jurídica como ordenadora de relações sociais entre indivíduos e grupos sociais que se diferenciam, mas que têm os mesmos direitos e obrigações, subordinados à construção de — como estabelece a Constituição brasileira de 1988 (art. 3º) — uma sociedade livre, justa e solidária, garantindo o desenvolvimento nacional com a erradicação da pobreza e a redução das desigualdades sociais e regionais." STRECK, Lenio. *Jurisdição constitucional e hermenêutica:* uma nova crítica do direito. Porto Alegre: Livraria do Advogado, 2002. p. 64.

(26) Sim, as pessoas jurídicas possuem direitos fundamentais. Tanto isso é verdadeiro que ninguém nega a estas o direito de impetrar mandado de segurança, entre outros. Nesse norte, deve-se debater, por exemplo, a hipótese de aplicação dos direitos fundamentais às relações privadas, quando é possível, em tese e em nome do direito fundamental de liberdade, relativizar direitos fundamentais quando em conflito.

mais correta e justa, o que exige o exame do caso concreto, pois apenas este exame pode balizar a correta ponderação entre direitos fundamentais em conflito.(27)

Desta feita, a utilização do princípio da proporcionalidade na seara trabalhista já encontra respaldo na doutrina e na jurisprudência de vanguarda. Comentando decisão do Tribunal Constitucional espanhol, *Juan Antonio García Amado* preleciona:

> *Maximizar las libertades organizativas y gestoras del empresario respecto a sus trabajadores equivaldría a liquidar los derechos fundamentales de éstos en que lo dura la prestación de su trabajo; por contra, extremar la protección de los trabajadores frente a culquier restricción de un derecho fundamental durante el desempeño del trabajo sería dejar en nada la figura del empresario y la mismíssima libertad de empresa.*(28)

Para adiante concluir o mesmo pensador espanhol:

> *En definitiva, estamos ante supuestos prototípicos de la necessidad de la ponderación entre derechos y/o principios constitucionales para resolución de casos de amparo, y derribable solo con una muy estricta prueba de necesidad, razoabilidad y proporcionalidad en sentido estricto.*(29)

Como se vê, demonstra-se, uma vez mais, a possibilidade e a necessidade de aplicação do princípio da proporcionalidade nas relações laborais. Tal realidade já alcançou a jurisprudência dos tribunais pátrios.

Deveras, em recente julgado, debateu-se qual direito deveria prevalecer, se o direito à privacidade do empregado expresso no art. 5º, incisos X, XII e LVI, da CF ou o se o direito à propriedade e à imagem da empresa (empregador), igualmente protegidos pela Constituição vigente em seu artigo 5º.(30)

E assim, em primorosa decisão (proferida no processo RR n. 613-2000-013-00, 1ª Turma), manifestou-se o Min. *João Oreste Dalazen* em seu voto:

---

(27) Há, sobretudo, conflito entre a autonomia da vontade e outros direitos fundamentais. Relembre-se a lição de Maria Venegas Grau: *"Se plantea así el problema de los límites jurídico-negociales aplicables a los derechos fundamentales, pues, para resolver el conflicto, se debe determinar en qué medida puede el individuo, en el ejercicio de su autonomia privada, renunciar válidamente a la protección de un derecho fundamental [...]. El conflicto se deberá resolver entonces estudiando las condiciones que se den en cada supuesto concreto, para decidir si el derecho en cuestión debe prevalece sobre la liberdad contractual"*. VENEGAS GRAU, Maria. *Derechos fundamentales y derecho privado:* los derechos fundamentales en las relaciones entre particulares y el principio de autonomia privada. Madri: Marcial Pons, 2004. p. 206-207.

(28) GARCÍA AMADO, Juan Antonio. Los derechos de los trabajadores en la Constitución. Una lectura. In: BETEGÓN, Jerónimo *et al.* (Coord.). *Constitución y derechos fundamentales*, cit., p. 836.

(29) *Idem.*

(30) Aliás, em outro julgado recente, o C. TST também se utilizou do princípio da proporcionalidade. Eis o trecho da ementa deste outro julgado: "Ofende o princípio da proporcionalidade exigir que os empregados somente possam ingressar no quadro de empregados da sucessora por intermédio de concurso público, tendo em vista que apenas acompanharam os desideratos da sucessão, sem terem em nada contribuído para o resultado". TRIBUNAL SUPERIOR DO TRABALHO. Ac. TST – 3ª T. – Proc. RR n. 583-918/99, julgado em 10 de agosto de 2005. Rel. Min. Maria C. I. PEDUZZI. In: *Revista do Tribunal Superior do Trabalho*, Brasília: Síntese, v. 71, n. 2, p. 414, 2005.

Na espécie, a invocação do princípio da proporcionalidade vem a propósito da necessidade de sopesarem os múltiplos valores jurídicos em xeque, e não apenas o direito do empregado, como qualquer cidadão, à inviolabilidade da comunicação e da privacidade.(31)

Neste diapasão, conclui o Min. *João Oreste Dalazen*:

De outra parte, se é certo que a Carta Magna tutela a intimidade e a privacidade do cidadão — valores que, insisto, não estão sequer em jogo cuidando-se de *e-mail* corporativo, dado a sua finalidade —, não menos certo que também tutela o mesmo preceito constitucional (art. 5º, inciso X) o direito à imagem. Ora, ocioso repisar quão comprometedora e danosa pode revelar-se ao direito do empregador à imagem a atuação do empregado na utilização da *internet* e do correio eletrônico da empresa.

Ademais, se se cuida de e-mail corporativo, está em xeque também, e talvez principalmente, o exercício de direito de propriedade do empregador sobre o computador capaz de acessar a Internet e sobre o próprio provedor, direito esse igualmente merecedor de tutela jurisdicional.(32)

Duas importantíssimas e recentes decisões do C. TST e nenhuma palavra nelas a respeito do princípio de proteção! Sintomático. Dessa feita, restou demonstrada a incompatibilidade e a inaplicabilidade do princípio de proteção ao direito do trabalho hodierno.

Todavia, pode-se notar que o pano de fundo trabalhista da decisão relatada pelo Min. *João Oreste Dalazen* é o poder de direção do empregador, consubstanciado, no caso em exame, no poder de fiscalização.(33)

É o momento oportuno, portanto, para se estudar este instituto do direito do trabalho clássico — o poder de direção do empregador — pois este, hoje, encontra-se, também, limitado pela aplicação dos direitos fundamentais às relações privadas.

Cuide-se, por pertinente, deste instituto clássico do direito do trabalho.(34)

---

(31) TRIBUNAL SUPERIOR DO TRABALHO. Ac. TST – 1ª T. – Proc. RR N. 613-2000-013-00, 1ª Turma, julgado em 18 de agosto de. 2005. Rel. Min. João Oreste Dalazen. In: *Revista do Tribunal Superior do Trabalho*, Brasília: Síntese, v. 71, n. 2, p. 384, 2005.

(32) *Idem.*

(33) Na estudada decisão, o C. TST parece derivar este poder diretivo do direito à propriedade.

(34) Ora, seguindo o escólio de MORAES FILHO, Evaristo de. *Introdução ao direito do trabalho*, cit., p. 383 e ROMITA, Arion Sayão. *O princípio da proteção em xeque e outros ensaios*, cit., p. 21, a autonomia científica de determinado ramo da ciência do direito também se faz com a existência de institutos específicos. Decerto, o poder diretivo é um instituto específico do direito do trabalho; questionando-o, portanto, estar-se-á questionando a teoria clássica do direito do trabalho.

## 1.3. Poder de direção do empregador: questionamentos

### *1.3.1. Poder de direção do empregador: definição*

O primeiro ponto a ser esclarecido é a própria expressão: poder de direção do empregador. De fato, diversas terminologias são utilizadas para designar ou justificar um mesmo instituto jurídico, mas todas pautadas em fortes tons ideológicos. Disseque-se o afirmado.

A concepção mais clássica é fundamentar o poder de direção do empregador como manifestação do seu poder hierárquico[(35)] ou mesmo tê-las como expressões sinônimas[(36)]. Tais concepções devem ser refutadas, pois são coligadas ao "carcomido" corporativismo.

Outra acepção foi cunhada por *Mauricio Godinho Delgado*: poder empregatício[(37)], por meio da qual engloba-se todo "conjunto de prerrogativas asseguradas pela ordem jurídica e tendencialmente concentradas na figura do empregador, para exercício na relação de emprego"[(38)]. *Data venia*, empregatício não significa próprio do empregador, consoante pontua o professor *Arion Sayão Romita* em suas aulas.

Neste norte, acolhe-se a nomenclatura poder de direção do empregador,[(39)] utilizada na legislação da Espanha (Estatuto dos Trabalhadores) e em Portugal (Código do Trabalho).[(40)]

Mas, ao se iniciar o estudo do poder de direção do empregador, não se faz pertinente desconsiderar todo arcabouço doutrinário existente acerca deste instituto jurídico. Aliás, tal perspectiva nos levará a uma melhor compreensão histórica do tema.

Nesse contexto, a professora *Alice Monteiro de Barros*, ao estudar o poder hierárquico do empregador, denominado, nesta tese, de poder de direção do

(35) BARROS, Alice Monteiro de. Poder hierárquico do empregador. Poder diretivo. In: BARROS, Alice Monteiro de (Coord.). *Curso de direito do trabalho:* estudos em memória de Célio Goyatá. v. 1. São Paulo: LTr, 1993. p. 551.

(36) Conf. DELGADO, Mauricio Godinho. *Curso de direito do trabalho*, cit., p. 624.

(37) *Ibidem*, p. 624-626.

(38) *Ibidem*, p. 624.

(39) Antônio Lemos Monteiro Fernandes assim preleciona: "Como detentora dos restantes meios de produção e empenhada num projecto de actividade econômica (corporizado na empresa), a entidade patronal obtém, por contratos, a disponibilidade de força de trabalho alheia — o que tem como conseqüência que fique a pertencer-lhe uma certa autoridade sobre as pessoas dos trabalhadores admitidos. De um modo geral, diz o art. 1º LCT, estes ficam 'sob autoridade e direcção' da entidade patronal. Assim, a posição patronal caracteriza-se, latamente, por um *poder de direção* legalmente reconhecido, o qual corresponde a titularidade da empresa." FERNANDES, Antônio Lemos Monteiro. *Direito do trabalho*, cit., p. 250.

(40) Aliás, o juiz Arnaldo Boson Paes, em artigo já citado nesta tese, utiliza as expressões poder empregatício e poder de direção como sinônimas. Ora, conquanto se rejeite a nomenclatura poder empregatício, considera-se que, se aceita, pode-se tê-la como expressão sinônima de poder de direção do empregador.

empregador ou poder diretivo, coliga-o, em sua origem, ao direito romano, mais especificamente, coliga-o aos direitos de potestade.[41]

Deveras, ao se estudar os diversos institutos do direito do trabalho clássico, apesar da propalada existência do princípio de proteção, irá se encontrar vários direitos potestativos do empregador.[42]

De tal arte, considerando a majoritária doutrina e a quase unânime jurisprudência trabalhista, pode-se elencar, exemplificativamente, dois direitos potestativos do empregador de suma importância para o direito do trabalho clássico: o direito de rescindir o contrato de trabalho a qualquer tempo e o poder de direção.[43] Desses dois direitos básicos derivam vários outros em prol dos empregadores.

Entretanto, frisa-se um dado deveras importante: quando a doutrina e a jurisprudência trabalhistas utilizam a expressão direito potestativo, em regra, inferem-na na acepção mais tradicional, ou seja, coligam a idéia de direito potestativo ao poder.[44]

---

(41) BARROS, Alice Monteiro de. Poder hierárquico do empregador. Poder diretivo. In: BARROS, Alice Monteiro de (Coord.). *Curso de direito do trabalho:* estudos em memória de Célio Goyatá, cit., p. 541-543.

(42) Sim, a jurisprudência trabalhista pátria, reiteradamente, refere-se à existência de direitos potestativos do empregador. Exemplificativamente, pode-se mencionar os seguintes julgados: Primeiro julgado: RR n. 291/2003-036-03-00, em que o Min. Relator assim se manifestou em seu voto: "Como bem assimilado pelo Eg. Tribunal Regional, na esteira do entendimento contido no artigo 114 do Código Civil de 2002, os contratos benéficos devem ser interpretados de forma estrita, pois contendo uma liberalidade, não podem ser interpretados de modo a conferir maiores vantagens do que as nele pretendida. Não cabe ao Poder Judiciário fixar ou prorrogar indefinidamente o período de vigência de um plano de demissão incentivada, prerrogativa afeta ao poder potestativo do empregador. Nego provimento". Ac. TST – 5ª T. – Proc. RR n. 1291/2003-036-03-00, julgado em 17 de agosto de 2005. Rel. Min. Aloysio Corrêa da Veiga. Segundo julgado: RR N. 499.669/98.0, cuja ementa é a seguinte: "SALÁRIO. AUMENTO. CONCESSÃO APÓS EXTINÇÃO DO CONTRATO. ADESÃO A PLANO DE INCENTIVO AO DESLIGAMENTO. REPERCUSSÃO. PRINCÍPIO DA ISONOMIA. 1. A extinção do contrato de trabalho, por adesão espontânea a Plano de Incentivo ao Desligamento, com a percepção de todas as vantagens comprovadamente usufruídas, não dá direito a diferenças salariais por suposta repercussão de aumento concedido a ocupantes de cargos em comissão, após o desligamento do empregado não exercente de tais cargos. 2. Irrelevante o fato de haver modificação na estrutura jurídica da empresa e, ainda que verificada a concessão de aumento em momento anterior à transferência da atividade econômico-jurídica, tal aumento não repercute no Plano de Incentivo ao Desligamento, se concedido tão-somente a empregados ocupantes de cargo em comissão. 3. O direito de dispor do patrimônio, bem como de conceder aumento inscreve-se nas prerrogativas imanentes ao direito potestativo de que o empregador é detentor. Em semelhante circunstância, não se pode divisar qualquer atitude atentatória do empregador ao princípio da isonomia constitucionalmente assegurado. 4. Recurso de revista de que não se conhece". TRIBUNAL SUPERIOR DO TRABALHO. Ac. TST – 1ª T. – Proc. RR n. 499.669/98.0, julgado em 6 de abril de 2005. Rel. Min. João Oreste Dalazen. Disponível em: <http://www.tst.gov.br/basesjuridicas/> Acesso em: 17 jan. 2006.

(43) Evidentemente, na atualidade, questiona-se, em várias frentes da teoria do direito do trabalho, se esses direitos são, de fato, potestativos, mas um dado é inegável: dos primórdios do direito do trabalho, e até recentemente, esses direitos eram considerados potestativos pela quase unanimidade da doutrina. Aliás, a jurisprudência transcrita na nota anterior bem demonstra a atualidade da expressão direito potestativo na seara do direito do trabalho contemporâneo.

(44) "Assim, o direito subjetivo propriamente dito é o poder atribuído ou reconhecido pela ordem jurídica de, em princípio livremente, exigir ou pretender um comportamento positivo (acção) ou negativo (omissão). A ele corresponde, na posição passiva, o dever jurídico de observar o comportamento positivo ou negativo". SOUSA, Rabindranath Capelo de. *Teoria geral do direito civil.* v. 1. Coimbra: Coimbra Editora, 2003. p. 181.

Sim, para concepção mais usual na doutrina e na jurisprudência, direito potestativo é poder.[45] Nesse sentido, a lição doutrinária de *Rabindranath Capelo de Sousa*:

> Por sua vez, o direito potestativo é o poder atribuído ou reconhecido pela ordem jurídica de, em princípio, por um acto voluntário, só de *per si* ou integrado por uma decisão judicial, produzir efeitos inelutáveis na esfera jurídica do sujeito passivo.[46]

Noutras palavras, quando há um direito potestativo, uma parte fica à mercê da vontade da outra (sob o poder jurídico — mando — da outra). Assim, a vontade de uma das partes da relação contratual será considerada irrelevante, pois a vontade da contraparte irá prevalecer.

E, a princípio, a tônica — diferencial — do contrato de trabalho é exatamente o direito potestativo do empregador em face do empregado, pois, no contrato de trabalho, existe subordinação.

Não se adotará, assim, a expressão direito-função, conquanto pareça mais apropriada, pois esta expressão ainda não encontra ressonância na jurisprudência trabalhista.[47] De tal arte, conclui-se pela existência de direitos potestativos do empregador no direito positivo pátrio.

Mas, enfim, seja qual for a denominação adotada pela doutrina e pela jurisprudência, se direito-função ou direito potestativo, a subordinação pessoal do empregado existe.[48]

---

(45) É esta concepção a mais utilizada pela doutrina e jurisprudência, que está sendo ora examinada nesta tese.

(46) SOUSA, Rabindranath Capelo de. Ob. cit. p. 184.

(47) Parte considerável da doutrina não trata o poder de direção como direito potestativo, trata-o como direito-função. Conf. BARROS, Alice Monteiro de. *Curso de direito do trabalho*, cit., p. 553-555. No entanto, pesquisando tal expressão (direito-função) no *link* jurisprudência trabalhista unificada, examinados o TST e todos tribunais regionais, foi encontrado apenas um julgamento no qual se adota esta vertente (TRT 18ª R. Proc- RO n. 3114/2000, julgado em 18 de março de 2001. Rel. Juíza convocada Dora Maria da Costa). Disponível em: <http://www.tst.gov.br/> Acesso em: 17 jan. 2005. Ao contrário, se se utilizar a expressão direito potestativo, irá se encontrar inúmeras decisões (226 decisões só no TST, além de inúmeras outras em todos os regionais do Brasil). Este *link* foi atualizado até 20 de fevereiro de 2004. Pesquisando-se no *link* inteiro teor (decisões proferidas a partir do ano de 2001), irá se encontrar apenas um julgado (AIRR N. 708940/2000) que adotou esta tese (direito-função), no qual o relator, em seu voto, assim se manifestou: "De fato, ao trabalhador são assegurados direitos que devem ser respeitados pelo empregador, no entanto, este também goza de prerrogativas atinentes ao seu poder de comando, às quais devem ser observadas pelos empregados. Este poder diretivo não é ilimitado por óbvio, sofrendo as restrições estabelecidas por lei, pela convenção e pelo próprio contrato de trabalho. É oportuno frisar que, embora como cidadãos, empregado e empregador se posicionem em igualdade de condições, quando celebram o contrato de trabalho, o empregador fica investido do poder de comando sobre a atividade do empregado e este deve submeter-se às diretrizes expedidas. Este poder tem natureza de direito-função porque objetiva a satisfação do interesse da empresa no sentido lato, qual seja, o interesse de todos,empregador, empregado e o próprio Estado". TRIBUNAL SUPERIOR DO TRABALHO. Ac. TST – 5ª T. – Proc. AIRR n. 708940/2000, julgado em 2 de maio 2001. Rel. Juiz Convocado Guedes de Amorim. Disponível em: <http://www.tst.gov.br/basesjuridicas/> Acesso em: 20 maio 2006.

(48) Nas palavras de Kataoka: "Outro conceito de fulcral importância é o de direito potestativo, entendido como sendo aquele que confere ao seu titular o poder de influir na esfera jurídica de outrem, sem que este último possa se opor. Tem-se, então, o direito potestativo ao qual corresponde o estado de sujeição" (grifo nosso). KATAOKA, Eduardo Takemi. *Considerações sobre o problema da prescrição*. Disponível em: <http://www2.uerj.br/~direito/publicacoes/mais_artigos/consideracoes_prescricao.html> Acesso em: 19 jan. 2006.

Neste particular, pouco importa a celeuma apontada, embora se tenha adotado, nesta tese, a denominação utilizada majoritariamente na jurisprudência, direito potestativo. Importa apenas considerar, neste momento, que o poder de direção do empregador é limitado, pois os direitos potestativos também sofrem limitações na ordem jurídica constitucional, como prelecionam *Arion Sayão Romita* e o TST em vários julgados adiante estudados.

Acerca deste tema, preleciona *Arion Sayão Romita*:

> No desempenho desta tarefa, os direitos fundamentais exercem dupla função: limitam o exercício do poder do empregador no curso da relação de emprego e representam barreira oposta à flexibilização das condições mediante negociação coletiva.(49)

Mas poder de direção do empregador há. Afinal, este dirige a prestação pessoal de serviços do empregado, consoante dispõem os arts. 2º e 3º da CLT. Comentando este dispositivo legal, *Sérgio Pinto Martins* preleciona:

> O empregador dirige o empregado *(sic)*, pois isso decorre de seu poder de comando em relação ao primeiro, estabelecendo, inclusive, normas disciplinares no âmbito da empresa. Sendo o empregado um trabalhador subordinado, está sujeito ao poder de direção do empregador.(50)

Portanto, no direito pátrio, o poder de direção possui base legal (art. 2º da CLT), espraiando-se por toda legislação esparsa em vários dispositivos legais.(51) E mais, seguindo parte da doutrina trabalhista, deriva-se o poder de direção do empregador do direito de propriedade deste, conferindo-lhe foro de direito fundamental, como o faz ainda parcela da doutrina.(52)

Contudo, o poder de direção do empregador, do qual decorre o poder diretivo, possui, de fato, sede na Constituição, mas não deriva do direito de propriedade.(53) Segundo pensamos, o poder diretivo do empregador representa um desdobramento do sagrado direito de liberdade, transmutado, no campo da teoria do contrato, em autonomia da vontade, que se manifesta pelo empregado e pelo empregador no momento em que firmam um contrato de trabalho.

---

(49) ROMITA, Arion Sayão. *Direitos fundamentais nas relações de trabalho*, cit., p. 396.

(50) MARTINS, Sérgio Pinto. *Comentários à CLT.* 9. ed. São Paulo: Atlas, 2005. p. 30.

(51) Diverso não é na Espanha e na Venezuela, consoante se deflui da lição de Maria Carolina Seoane Torres, calcada nos ensinamentos do doutrinador espanhol Alfredo Montoya Melgar: *"En este último sentido, los poderes de dirección, control y disciplina que ostenta el empleador 'constituyen la contrapartida de la situación de sujeción o dependencia que se encuentra sometdo el trabajador... La atribución de dichos poderes es una consecuencia inmediata de la celebración del contrato, y um efecto mediato de la voluntad de la Ley, que há querido poner en las manos del empresario — y no en otras — la organización y disciplina del trabajador en la empresa'.* SEOANE TORRES, Maria Carolina. Temas sobre derechos constitucionales. Colectivo de Autores. *El derecho a la intimidad en el âmbito de las relaciones de trabajo.* Valencia: Vadell Hermanos, 2003. p. 244.

(52) Aproxima-se desta visão a doutrina de BERNARDES, Hugo Gueiros. *O contrato de trabalho e a sua alteração.* São Paulo: LTr, 1986. p. 29.

(53) Não se tratará nesta tese, dada a sua total superação e refutação doutrinária e jurisprudencial, a teoria institucionalista.

Fundamenta-se, assim, o poder de direção do empregador como decorrente do contrato de trabalho, calcados, neste passo, na melhor doutrina trabalhista.(54) E mais, conecta-se esta liberdade contratual à Constituição, como o fez a Suprema Corte dos EUA (direito de liberdade).(55)

Portanto, esta autonomia da vontade merece tutela estatal, pois é um direito fundamental. Neste caso, pode-se conceber uma limitação (sopesamento) de alguns direitos fundamentais do empregado no transcurso de um contrato de trabalho, se este foi firmado livremente. Assim, respeita-se a manifestação de um direito de liberdade, qual seja, a autonomia da vontade. Aliás, como admite a doutrina *H. C. Nipperdey*(56).

Assim, define-se o poder de direção do empregador como o poder jurídico inerente ao contrato de trabalho, autorizado (fundamentado) na lei e no livre exercício do direito de liberdade assegurado constitucionalmente aos empregados e empregadores.

Nesta esteira, o poder de direção do empregador decorre, concomitantemente, do seu direito à liberdade de organizar livremente a atividade produtiva (nos limites do direito) e da subordinação voluntária do empregado, que se manifesta no momento em que estes (empregados e empregadores) firmam o contrato de trabalho, tudo em respeito a outro direito fundamental de liberdade, a autonomia da vontade.

Deste instituto (poder de direção do empregador), deriva-se, na esteira dos ensinamentos de *Mauricio Godinho Delgado*(57), três outros poderes, quais sejam, o poder regulamentar, o poder fiscalizatório e o poder disciplinar.(58)

---

(54) Consoante preleciona Mauricio Godinho Delgado, aderem a esta corrente, no exterior, os juristas Sanseverino, Corrado, Drake, Wright e, no Brasil, além do próprio Delgado, os juristas Maranhão, Reis e Romita. Conf. DELGADO, Mauricio Godinho. *Curso de direito do trabalho*, cit., p. 638-639.

(55) É interessante notar que a Suprema Corte dos EUA, conquanto tenha reconhecido a base constitucional do direito de contratar, derivando-o do direito de liberdade, tenha, também, firmado, no precedente abaixo analisado, que este direito não é ilimitado. Transcreve-se o seguinte trecho do voto do Justice Brewer: *"It is undoubtedly true, as more than once declared by this Court, that the general right to contract in relation to one's business is part of the liberty of the individual, protected by the Fourteenth Amendment to the Federal Constitution; yet it is equally well settled that this is liberty is not absolute and extending to all contracts, and that State may, without conflicting with the provisions of the Fourteenth Amendment, restrict in many respects the individual's power of contract".* Ac. Suprema Corte dos EUA, Muller v. Oregan, julgado em 24 de fevereiro de 1908, Rel. Justice David Brewer In: *Great decisions of the US Supreme Courte.* Edited by HARRISON, Maureen and GILBERT, Steve. New York: Barnes & Noble Books, 2003. p. 64. Vertendo para o vernáculo: "É verdade indubitável, como declarado mais de uma vez por esta Corte, que o direito geral de contratar em relação ao trabalho de uma pessoa é parte da liberdade individual, protegido pela 14ª Emenda da Constituição Federal. Ainda assim, está igualmente acertado que esta liberdade não é absoluta e extensiva a todos os contratos e o Estado pode, sem conflitar com as previsões da 14ª Emenda, restringir em muitos aspectos, o poder individual de contratar."

(56) Nesse passo, pertinente transcrever a lição de Maria Venegas Grau: "Como afirma el proprio H. C. NIPPERDEY, si no se quiere desvirtuar los derechos fundamentales, vaciándolos de su 'contenido de liberdad', es necessario reconocer a los particulares la faculdad de limitar libremente sus derechos en el tráfico jurídico-privado". VENEGAS GRAU, Maria. *Derechos fundamentales y derecho privado:* los derechos fundamentales en las relaciones entre particulares y el principio de autonomia privada. Madri: Marcial Pons, 2004. p. 207.

(57) Conf. DELGADO, Mauricio Godinho. *Curso de direito do trabalho*, cit., p. 626.

(58) Como já exposto nesta tese, é apropriado condensar todos os poderes reconhecidos pela ordem jurídica ao empregador em uma única terminologia. Nesse passo, conquanto se refute a expressão poder empregatício,

No entanto, o Estado democrático de direito não reconhece a existência do direito potestativo absoluto. Assim, conquanto se possa admitir a existência de direito potestativo na seara trabalhista, dada a sua ontológica necessidade, é vital colocar um limite a este direito-poder do empregador, qual seja, os direitos fundamentais do empregado. Em suma, é necessário perceber a autonomia da vontade em seu conceito hodierno: autonomia privada. Ou seja, uma autonomia da vontade limitada pela ordem jurídica constitucional.

De todas essas conexões, portanto, conclui-se o seguinte: em um Estado democrático de direito, o poder de direção do empregador é mitigado, conquanto tenha alicerce na Constituição, pois não existem direitos absolutos. Há conflito entre direitos fundamentais.

Dessa feita, levando em consideração as particularidades de cada caso concreto, há de se sopesar, sempre, a tensão existente entre o direito fundamental de liberdade do empregador de dirigir a atividade empresarial dentro das margens do direito, de um lado, e os direitos fundamentais do empregado, de outro lado. Tudo isso sem desconsiderar um elemento importantíssimo: a autonomia da vontade dos contratantes (outro direito fundamental a ser sopesado e limitado por outros direitos fundamentais). Relembre-se, por pertinente, a doutrina de *Maria Venegas Grau*:

> *Se plantea así el problema de los limites jurídico-negociales aplicables a los derechos fundamentales, pues, para resolver el conflicto, se debe determinar en qué medida puede el individuo, en el ejercicio de su autonomia privada, renunciar válidamente a la protección de un derecho fundamental...El conflicto se deberá resolver entonces estudiando las condiciones que se den en cada supuesto concreto, para decidir si el derecho en cuestión debe prevalece sobre la liberdad contractual.*(59)

### 1.3.2. *Mitigação do poder de direção do empregador na jurisprudência em razão da aplicação dos direitos fundamentais às relações privadas*

Consoante pacificado na doutrina e na jurisprudência, do poder de direção do empregador decorrem outros poderes (direitos), quais sejam, o poder diretivo, o poder regulamentar, o poder fiscalizatório e o poder disciplinar.(60)

Esses quatro conceitos serão esmiuçados neste primeiro momento para depois, em paralelo, demonstrar-se a mitigação deles. Mitigação decorrente da aplicação dos direitos fundamentais às relações privadas.

---

tem-se como sinônimo da mais apropriada expressão poder de direção do empregador. Esclarecido isso, pode-se derivar do poder de direção do empregador os mesmos poderes derivados por Mauricio Godinho Delgado do poder empregatício.

(59) VENEGAS GRAU, Maria. *Derechos fundamentales y derecho privado:* los derechos fundamentales en las relaciones entre particulares y el principio de autonomia privada, cit., p. 206-207.

(60) Conf. DELGADO, Mauricio Godinho. *Curso de direito do trabalho*, cit., p. 626.

### 1.3.2.1. *Conceito e mitigação do poder diretivo do empregador*

Na lição do professor *Manuel Alonso Olea Rezende* aduz "que o poder diretivo constitui a faculdade ou direito potestativo, que confere ao empregador o contrato de trabalho, podendo dar ordens sobre o modo, o tempo e o lugar da execução do trabalho".(61)

Portanto, em razão do contrato, o empregador pode — utilizando-se do seu direito diretivo — dar ordens ao empregado, determinando, por exemplo, o modo e o lugar da execução do trabalho.(62)

Exemplifique-se o afirmado (mitigação do poder de direção do empregador decorrente da clara aplicação dos direitos fundamentais às relações privadas) com uma decisão jurisprudencial. Eis um trecho de Ementa de recente julgado do E. TRT da 4ª Região no processo RO n. 01096-2002-001-04-00-8, de lavra do juiz *Pedro Luiz Serafini*:

> PROGRAMA APOIO DAQUI DA BRASIL TELECOM S.A. O programa de demissão incentivada denominado Apoio Daqui, estabelecendo o pagamento de indenizações e concessão de benefícios àqueles empregados "eleitos" por superintendentes para dele participar, sem a fixação de critério objetivo para a escolha desses trabalhadores, constitui regra discricionária, importa tratamento desigual e injustificável, extrapola o exercício do Poder de Direção do empregador e afronta ao princípio isonômico (Constituição Federal, art. 5º, *"caput"*). Vantagens devidas ao recorrente. Recurso provido.(63) (grifo nosso)

Pertinente, ainda, transcrever importante trecho do voto do juiz relator proferido no processo do retrotranscrito julgamento:

> Embora legitimado pelo ordenamento jurídico a estabelecer regras de incentivo ao desligamento do emprego, o empregador, no exercício de seu Poder de Direção, vincula-se à observância impositiva do princípio isonômico (Constituição Federal, 5º e 7º, incisos XXX, XXXI e XXXII) e aos princípios fundamentais da dignidade da pessoa humana e dos valores sociais do trabalho e da livre iniciativa (Constituição Federal, art. 1º, incisos III e IV). *Nessa senda, a fixação de regra em que prevista vantagem pecuniária aos empregados participantes de determinado Programa, omissa quanto aos critérios objetivos para que se dê tal participação, atribuindo a eleição subjetiva*

(61) REZENDE, Roberto Vieira de Almeida. *O poder de direção dos serviços pelo empregador.* Disponível em: <http://www.unicz.it/lavoro/AL_REZENDE.pdf> Acesso em: 19 jan. 2006.

(62) A visão marxista de André Gorz, alicerçada na doutrina do próprio Marx, é precisa sobre o tema ao prelecionar: "Organizações, técnicas de produção, divisão do trabalho formam a matriz material que, invariavelmente, reproduz, por inércia, as relações hierárquicas de trabalho, as relações capitalistas de produção. Marx já tinha visto isso com clareza, sem, no entanto, tirar conclusões: 'A subordinação técnica do operário à marcha uniforme do meio de trabalho e a composição particular do corpo de trabalho, formado por indivíduos de idade e sexo diferentes, criaram uma disciplina bem militar, já que se torna o regime absoluto das fábricas e desenvolve, amplamente, o já mencionado trabalho dos supervisores e a distinção dos operários em trabalhadores e supervisores, em soldados e suboficiais da indústria'." GORZ, André. *Crítica da divisão de trabalho*, cit., p. 11.

(63) TRIBUNAL REGIONAL DO TRABALHO. Ac. TRT 4ª R. – Proc. RO n. 01096-2002-001-04-00-8, julgado em 3 de março de 2006. Rel. Juiz Pedro Luiz Serafini. Disponível em: <http://www.trt4.gov.br/> Acesso em: 21 mar. 2006.

*dos empregados que serão agraciados, em detrimento de outros, sem possibilitar sequer o cotejo entre as condições sopesadas para tal "eleição", afigura-se discriminatória, importando, em tese, tratamento desigual injustificável, em afronta ao princípio isonômico garantido pela Constituição Federal (art. 5º, caput).* Ao contrário da tese sustentada pela recorrida com base nos artigos 114 e 427 do Código Civil, 5º, inciso II, da Constituição Federal, 333, inciso I, e 818 da CLT (todos prequestionados), o regramento em questão tampouco estaria legitimado pelo exercício do poder organizativo ou regulamentar do empregador, que tem limitação na ordem jurídica, sobretudo nos Princípios que a contingenciam, em proteção à liberdade e dignidade básicas da pessoa do trabalhador. Nessa hipótese, conforme entendimento adotado reiteradamente por este Órgão Julgador, afigurar-se-ia impositiva a atuação jurisdicional corretiva, pela atribuição, ao empregado despedido nas mesmas condições objetivas que os demais agraciados pelo Programa Apoio Daqui, as mesmas vantagens. (grifo nosso)

Também nesse sentido (mitigação do poder de direção do empregador), pode-se encontrar decisões relativas ao direito de intimidade do empregado.

De fato, conquanto não haja como negar a nenhuma empresa a possibilidade de revistar os seus empregados, notadamente a depender do tipo de atividade empresarial desenvolvida, não se pode ter este direito como ilimitado, realizado de forma abusiva e desproporcional (não pode ferir o princípio da proporcionalidade), pois se houver abuso ao direito à intimidade do empregado, nasce a ilegalidade maior, a inconstitucionalidade, derivando-se desta, em tese, a obrigação da empresa em indenizar (dano moral).

Neste sentido, e percebendo a clara limitação dos tradicionais princípios do direito do trabalho clássico em face dos direitos fundamentais, o E. TRT da 9ª Região assim concluiu:

> O poder potestativo, nestes casos, deve ficar restrito ao necessário, respeitando a dignidade e intimidade do trabalhador, a qual deve prevalecer sobre o excesso de zelo com o patrimônio.(64)

*Alexandre Agra Belmonte* aprofunda esta senda, ao perceber, claramente, a ocorrência de conflito entre norma-princípios quando o empregador, utilizando-se do seu poder diretivo, pretende vigiar as correspondências eletrônicas do empregado, maculando o direito à inviolabilidade da correspondência deste. Neste caso, ensina o mencionado professor, ocorre conflito entre princípios constitucionais, que deve ser dirimido pela utilização dos critérios de resolução de colisão de direitos.(65)

Do exposto, pode-se concluir que o clássico poder de direção do empregador já não é mais o mesmo. Necessário, conforme será demonstrado amiúde no capítulo seguinte, dar-se uma interpretação conforme a Constituição aos arts. 2º e 3º da

---

(64) TRIBUNAL REGIONAL DO TRABALHO. Ac. TRT 9ª R - 1ª T. – Proc. RO n. 7.385-96. Rel. Juiz Wilson Pereira. Disponível em: <http://www.trt9.gov.br/> Acesso em: 20 maio 2006.

(65) Conf. BELMONTE, Alexandre Agra. *Monitoramento da correspondência eletrônica nas relações de trabalho.* São Paulo: LTr, 2004. p. 71-73.

CLT. Necessário, também, se utilizar o princípio da proporcionalidade alicerçado no art. 5º, inciso LIV, consoante farta jurisprudência do STF.

Ou seja, bem a gosto da hermenêutica dos direitos fundamentais, não há respostas absolutas. A norma nem sempre será aplicada em prol do empregador. Noutras palavras, a depender do caso concreto, a revista (e o modo como esta será realizada) pode ser autorizada ou não.(66)

Evidentemente, não está em jogo a supressão do direito fundamental do empregador de organizar e dirigir a atividade econômica. Não. O que se está a realçar é que, considerando a aplicação dos direitos fundamentais às relações privadas, hão de ser observados, de igual forma, os direitos fundamentais contrapostos dos empregados (trabalhadores) e dos empregadores. Dessa ponderação entre direitos fundamentais, o poder diretivo do empregador se amaina, modificando-se.(67)

Como se vê, questiona-se, nesta tese, alguns dogmas do direito laboral clássico. Ora, quando se questiona tantos postulados fundamentais de um ramo da ciência do direito, questiona-se sua teoria geral. Necessário é pensar, portanto, em um novo direito do trabalho.

---

(66) A importância da aplicação do princípio da proporcionalidade e a consideração do caso concreto para determinar qual direito fundamental deverá prevalecer é matéria pacífica na jurisprudência do nosso Supremo Tribunal Federal. Exemplificativamente, pontue-se trecho do voto do Min. Gilmar Mendes proferido no pedido de Intervenção Federal 2127-SP: "O princípio da proporcionalidade, também denominado princípio do devido processo legal em sentido substantivo, ou ainda, princípio da proibição do excesso, constitui uma exigência positiva e material relacionada ao conteúdo de atos restritivos de direitos fundamentais, de modo a estabelecer um "limite do limite' ou uma "proibição de excesso" na restrição de tais direitos. A máxima da proporcionalidade, na expressão de Alexy, coincide igualmente com o chamado núcleo dos direitos fundamentais concebido de modo relativo — tal como o defende o próprio Alexy. Nesse sentido, o princípio ou máxima da proporcionalidade determina o limite último da possibilidade de restrição legítima de determinado direito fundamental. À par dessa vinculação aos direitos fundamentais, o princípio da proporcionalidade alcança as denominadas colisões de bens, valores ou princípios constitucionais. Nesse contexto, as exigências do princípio da proporcionalidade representam um método geral para a solução de conflitos entre princípios, isto é, um conflito entre normas que, ao contrário do conflito entre regras, é resolvido não pala revogação ou redução teleológica de uma das normas conflitantes nem pela explicitação de distinto campo de aplicação entre as normas, mas antes e tão-somente pela ponderação do peso relativo de cada uma das normas em tese aplicáveis e aptas a fundamentar decisões em sentidos opostos. Nessa última hipótese, aplica-se o princípio da proporcionalidade para estabelecer ponderações entre distintos bens constitucionais. Em síntese, a aplicação do princípio da proporcionalidade se dá quando verificada restrição a determinado direito fundamental ou um conflito entre distintos princípios constitucionais de modo a exigir que se estabeleça o peso relativo de cada um dos direitos por meio da aplicação das máximas que integram o mencionado princípio da proporcionalidade. São três as máximas parciais do princípio da proporcionalidade: a adequação, a necessidade e a proporcionalidade em sentido estrito." Adiante conclui o Min. Gilmar Mendes: "O exame da proporcionalidade, no caso em apreço, exige algumas considerações sobre o contexto factual e normativo em que se insere a presente discussão... Como tenho afirmado, esse exame de dados concretos, ao invés de apenas argumentos jurídicos, não é novidade no direito comparado". SUPREMO TRIBUNAL FEDERAL. Ac. STF – Pleno – Proc. IF n. 2127/SP, julgado em 8 de maio de 2003, Rel. Min. Gilmar Mendes. Disponível em: <http://www.stf.gov.br/jurisprudencia/nova/pesquisa.asp> Acesso em: 24 set. 2006.

(67) Alexandre Agra Belmonte percebe essas nuanças, antinomia entre direitos constitucionais, necessidade de se examinar e considerar a situação fática entre outras coisas, quando preleciona sobre a possibilidade de acesso do empregador a *e-mail* corporativo. Conf. BELMONTE, Alexandre Agra. *Monitoramento da correspondência eletrônica nas relações de trabalho.* São Paulo: LTr, 2004. p. 87.

## Capítulo 2

# PRINCÍPIOS ORIENTADORES DO NOVO DIREITO DO TRABALHO EM UM ESTADO DEMOCRÁTICO DE DIREITO

### 2.1. Introdução

Consoante exposto na primeira parte desta tese, a República Federativa do Brasil é um Estado democrático de direito. Assim sendo, a jurisprudência de valores é a teoria geral do direito que lhe corresponde.

De tal maneira, soluções jurídicas tomadas *a priori*, como só o faz o direito do trabalho clássico, são repugnadas, pois o compromisso com a justiça e com a concretização dos direitos fundamentais é o norte a orientar o Estado democrático de direito e a jurisprudência de valores.

Diverso não pode mais ser o direito do trabalho. Deveras, desta nova realidade normativa constitucional decorre a clara necessidade de chamar a atenção dos operadores do direito do trabalho para um dado relevante: na seara trabalhista, é bastante comum a ocorrência de conflitos — colisão — entre direitos fundamentais.

Dessa comum ocorrência de colisão entre direitos fundamentais na seara trabalhista decorre outro instituto: a flexibilização. No entanto, em um Estado democrático de direito, o limite à flexibilização não é apenas uma não-ofensa aos direitos fundamentais, mas, de igual forma, a realização destes por meio de acordos e convenções coletivas de trabalho. Pois, consoante já explanado, a tarefa de concretização dos direitos fundamentais (do ordenamento jurídico) é de ambos (Estado e Sociedade), que se confundem (mesclam-se) na participação democrática (popular) em todas as instâncias estatais, auferindo, assim, o seu controle e a sua legitimação.

Nesse afã, para a realização e concretização da justiça e dos direitos fundamentais no caso, e em cada caso concreto, deve-se utilizar, necessariamente, o princípio da proporcionalidade. Portanto, não é possível tomar posição de proteção a quaisquer das partes de uma relação jurídica, pois tal postura é contrária ao princípio de justiça das decisões judiciais e ao princípio do devido processo legal substantivo, este último positivado no art. 5º, inciso LIV, da Constituição vigente.

Ora, como visto na segunda parte desta tese, a utilização do princípio da proporcionalidade na seara trabalhista, coligado à idéia de harmonização e concretização de direitos fundamentais contrapostos dos empregados e empregadores, faz soterrar o princípio-mor do direito do trabalho clássico: o princípio de proteção.

Nesse sentido, relembre-se emblemática decisão da Corte Constitucional alemã que, conferindo uma interpretação conforme a Constituição, declarou que a lei que conferiu estabilidade a empregados acidentados não era aplicável às pequenas empresas.(1) Em suma, reconhecendo a ocorrência de conflito entre direitos fundamentais contrapostos, a decisão não se curvou à visão simplista do princípio de proteção.

Por outro lado, a aplicação proporcional dos direitos fundamentais nas relações trabalhistas teve uma outra conseqüência: o poder de direção do empregador foi questionado.(2)

Entretanto, caso se deseje pensar na autonomia científica do direito do trabalho, é necessário se pensar, conseqüentemente, em seus novos princípios e institutos. Portanto, um novo princípio-mor será esboçado nesta tese, por meio do qual se terá uma nova visão (reformulação) dos institutos do direito do trabalho.(3) De fato, esses novos princípios e institutos, portanto, hão de assegurar a autonomia científica do direito do trabalho.

## 2.2. Princípio da concreção e harmonização dos direitos fundamentais e da justiça na regulação das relações de trabalho por meio de acordos e convenções coletivas, objetivando a tutela da dignidade humana

Neste tópico, pondere-se um dado preliminar: os princípios e subprincípios de cada ramo jurídico defluem das ideologias motoras de cada momento da ciência do direito. Assim, o direito do trabalho clássico defluiu de um Estado social e, por essa lógica, seu princípio primeiro foi o de proteção, pois esse modelo de Estado pretendia corrigir desigualdades sociais por meio da proteção do hipossuficiente.

Por essa premissa, conclui-se que de um Estado democrático de direito um novo princípio do direito do trabalho irá surgir. Este novo princípio estará concatenado com a ideologia política desse modelo de Estado, que se apraz no estimulo à participação popular (legitimidade democrática) na feitura das normas

---

(1) Desta decisão dá notícia CANARIS, Claus-Wilhelm. *Direitos fundamentais e direito privado.* Tradução: Ingo W. Sarlet e Paulo M. Pinto. Coimbra: Almedina, 2003. p. 34.

(2) Aliás, esta visão faz repelir a terminologia de vários institutos, utilizada por parte considerável da doutrina brasileira. Por exemplo, em um Estado democrático de direito, a expressão poder hierárquico do empregador parece ser totalmente imprópria.

(3) De fato, como se sabe, a autonomia científica de determinado ramo da ciência do direito é alicerçada na existência de princípios peculiares. Conf. RUPRECHT, Alfredo J. *Os princípios do direito do trabalho.* São Paulo: LTr, 1995. p. 7.

reguladoras da vida social e no respeito e concretização dos direitos fundamentais, objetivando alcançar — proteger — a dignidade humana.

Ora, trazendo essa conclusão para o ramo de conhecimento ora em estudo, pode-se concluir pela existência de um novo princípio do direito do trabalho, qual seja, o princípio da prevalência do negociado sobre o legislado quando a norma coletiva respeitar e concretizar direitos fundamentais, tutelando a dignidade humana. Mais especificamente, tem-se o princípio da concretização e harmonização dos direitos fundamentais por meio de acordos e convenções coletivas do trabalho, objetivando a tutela da dignidade humana. Remarcando-se um dado importantíssimo: "a dignidade do homem constitui a base dos direitos fundamentais e do princípio de sua unidade material", preleciona *Pablo Lucas Verdú*, alicerçado nos ensinamentos de *Vieira de Andrade*.(4)

Em suma, os acordos e convenções coletivas do trabalho teriam prevalência sobre a legislação quando concretizassem e harmonizassem os direitos fundamentais.

Nenhuma palavra neste novo princípio, portanto, sobre a pretensa proteção de uma das partes da relação contratual. Num Estado justo, como o Estado democrático de direito, tutelam-se os direitos fundamentais de todos os sujeitos da relação contratual, tutela-se, *in casu*, a dignidade humana no curso de um contrato de trabalho.

Nesse passo, é examinando cada caso concreto e as suas particularidades que se constata se os direitos fundamentais foram, ou não, concretizados e se o princípio de justiça, presente na hipótese concreta, foi, ou não, observado. Se tais requisitos forem cumpridos, tutelada a dignidade humana, o negociado deve prevalecer.

Essa prevalência do negociado deve ser examinada segundo a teoria do conglobamento, ou seja, deve-se verificar se as partes fizeram concessões recíprocas, respeitando-se, na medida do possível, outro direito fundamental a ser considerado: a autonomia privada.

Dessa forma, o exame da teoria do conglobamento não pode ser cego, ou seja, não pode existir uma presunção absoluta de que a transação, de fato, existiu e que a autonomia privada foi respeitada.(5) O Estado democrático de direito, em sua busca e compromisso de realização de justiça, herdou esta característica do Estado social. Não é um Estado cego.

---

(4) VERDÚ, Pablo Lucas. *O sentimento constitucional:* aproximação ao estudo do sentir constitucional como modo de integração política. Trad. Agassiz Almeida Filho. Rio de Janeiro: Forense, 2004. p. 217 e 218. Também neste sentido a doutrina de Peter Häberle. Conf. HÄBERLE, Peter. A dignidade humana como fundamento da ordem estatal. In: SARLET, Ingo Wolfgang (Coord.). *Dimensões da dignidade.* Ensaios de filosofia do direito e direito constitucional. Porto Alegre: Livraria do Advogado, 2005. p. 98-103.

(5) Nesse sentido, ou seja, examinando uma convenção coletiva do trabalho para verificar se, de fato, houve concessões recíprocas, recente decisão da 2ª T. do TST. TRIBUNAL SUPERIOR DO TRABALHO. Ac. TST – 2ª T. – Proc. 784901/2001, julgado em 29 de novembro de 2006. Rel. Min. José Simpliciano Fontes de F. Fernandes. Disponível em: <www.tst.gov.br> Acesso em: 24 jan. 2007.

Assim, apenas o exame do caso concreto poderá determinar se o respeito e a concreção dos direitos de liberdade foram ou não concretizados, afastando-se, desta feita, a teoria do conglobamento quando não for observada a real existência de concessões mútuas, ou quando o núcleo essencial de algum direito fundamental for maculado.

Nesse sentido, o TST, recentemente, proferiu interessante julgado, cuja ementa, no que interessa, dispõe o seguinte:

> HORAS IN ITINERE. CLÁUSULA DE CONVENÇÃO COLETIVA DE TRABALHO QUE LIMITA AS HORAS EM PERCURSO. VALIDADE. O direito à percepção de horas in itinere não se insere no rol dos direitos trabalhistas irrenunciáveis, a justificar a decretação da invalidade da cláusula coletiva que restringe o seu pagamento. Logo, desde que respeitados os princípios de proteção ao trabalho, é imperativo garantir a prevalência da cláusula da Convenção Coletiva de Trabalho que limitava as horas in itinere, ainda que provada a efetiva existência de horas de percurso em montante superior àquele pactuado em norma convencional, sob pena de se desconsiderar a manifestação volitiva das partes, por força do reconhecimento das Convenções e Acordos Coletivos de Trabalho decorrente de determinação constitucional, consoante exegese do artigo 7º, inciso XXVI, da Carta Magna.[6]

Portanto, sem adentrar no mérito do exame realizado no julgamento acima mencionado, outra conclusão não pode existir: o TST, na hipótese, examinou se o princípio de proteção ao trabalho foi ou não violado (concluindo, no feito, que não) e tutelou a autonomia privada coletiva.[7]

De tal arte, proposto um novo princípio orientador para o direito do trabalho (princípio da concretização e harmonização dos direitos fundamentais por meio de acordos e convenções coletivas do trabalho, objetivando a tutela da dignidade humana), cabe examinar o poder de direção do empregador (verdadeiro instituto jurídico) pela perspectiva do Estado democrático de direito e da jurisprudência de valores.

## 2.3. Poder de direção do empregador: uma nova visão desse clássico instituto

Consoante exposto nesta tese, num Estado democrático de direito, institutos jurídicos clássicos do direito do trabalho, como o poder de direção do empregador, gerados num outro modelo estatal (Estado social), carecem de uma revisão conceitual e doutrinária.[8]

---

(6) TRIBUNAL SUPERIOR DO TRABALHO. Ac. TST – 2ª T. – Proc. 567927/1999, julgado em 19 de abril de 2006. Rel. Juiz convocado Carlos Gomes Godoi. Disponível em: <www.tst.gov.br> Acesso em: 23 maio 2006.

(7) Em suma, para concluir que não houve violação aos princípios de proteção ao trabalho, presume-se que o TST examinou a aludida convenção coletiva de contrato, ou seja, neste caso, o TST não apenas presumiu a existência de concessões recíprocas, mas aferiu se elas ocorreram.

(8) Aliás, assim ocorre quando esta tese utiliza a expressão poder de direção do empregador ao invés de poder hierárquico do empregador.

Nesse passo, será examinado o poder de direção do empregador na perspectiva do ordenamento jurídico vigente. E o primeiro passo a ser dado é derivar este poder de direção do empregador da ordem constitucional, atribuindo-lhe foro de direito fundamental.

De fato, o STF deflue dos arts. 1º, inciso IV, e 170, *caput*, o princípio da livre iniciativa.(9) Assim, a ordem jurídica reconhece ao empregador o direito de gerir, com liberdade, a sua atividade econômica, administrando-a e buscando, nos limites legais, a redução de custos e a aferição de lucro. Se assim não fosse, não haveria livre iniciativa, o nosso regime econômico não seria capitalista.

Exemplificando esse direito fundamental do empregador de gerir com liberdade a sua atividade econômica e de, neste exercício, dispor, necessariamente, do poder de direção, menciona-se a possibilidade de terceirização de serviços. Sim, a terceirização de serviços, quando há previsão legal, deve ser vista como exercício legítimo do poder de direção do empregador.(10)

Entretanto, derivar um princípio da Constituição (*in casu*, determiná-lo como um direito fundamental do empregador de gerir — administrar — sua empresa), não é lhe atribuir uma feição absoluta. Não existem direitos absolutos num Estado democrático de direito. Aliás, nesse sentido se pronunciou o Juiz *Braz Henriques de Oliveira* do E. TRT da 10ª R., em voto proferido no Proc. RO n. 00381-2005-007-10-00-0, cuja lição transcreve-se:

> Registre-se, por oportuno, que o poder diretivo do Banco para criar cargos não compreende a possibilidade atribuí-los a natureza excepcional de cargos de confiança, com jornada de 08 horas diárias, ainda que tenha havido livre adesão expressa da reclamante. *Aliás, o artigo 170, parágrafo único, da CF88 expressamente limita o exercício da atividade econômica aos casos previstos em lei. Na verdade, o princípio da livre iniciativa não é absoluto, devendo compatibilizar-se com os ditames da justiça social e principalmente com os princípios fundamentais de um Estado democrático de direito, que prima pela dignidade da pessoa humana e valorização social do trabalho.*(11) (grifo nosso)

É exatamente a visão perfilhada no trecho do voto acima transcrito que se propala: o poder de direção do empregador possui sede na Constituição. Todavia, num Estado democrático de direito, é um poder limitado pela ordem jurídica.

---

(9) SUPREMO TRIBUNAL FEDERAL. Ac. STF – 2ª T. - Proc. RE n. 422941/DF, julgado em 6 de dezembro de 2005. Rel. Min. Carlos Velloso. Disponível em: <http://www.stf.gov.br/jurisprudencia/nova/pesquisa.asp> Acesso em: 22 maio 2005.

(10) Nesse sentido, aponte-se a seguinte decisão: "Ação Civil Pública — liberdade de contratar — terceirização — licitude. A terceirização é forma usual de flexibilização no campo do direito laboral. Vedar sua prática implica em ingerência na administração dos negócios empresariais, em detrimento ao princípio da livre iniciativa assegurada pela Carta Constitucional, inserto no capítulo que disciplina a ordem econômica, além de representar ofensa ao princípio da legalidade". TRIBUNAL REGIONAL DO TRABALHO. Ac. TRT 15ªR – 1ª T – RO 010662/1999, julgado em 19 de outubro de 1999. Rel. Juiz Luiz Antônio Lazarim. Disponível em: <www.tst.gov.br> Acesso em: 23 maio 2006.

(11) TRIBUNAL REGIONAL DO TRABALHO. Ac. TRT 10ªR. – 3ª T – Proc. RO n. 00381-2005-007-10-00-0, julgado em 1º dez. 2005. Rel. Juiz Braz Henriques de Oliveira. Disponível em: <www.trt10.gov.br> Acesso em: 22 maio 2006.

Nesse sentido, destaque-se trecho de voto proferido nos autos do Proc. RR n. 1059/1999-087-15-00.0, no qual se determinou a reintegração de empregado demitido por ser portador do vírus HIV, cujo teor é o seguinte:

> Contrapondo-se à observância desses princípios, poderia objetar-se que o princípio da livre iniciativa, como valor social constitucionalmente assegurado, autorizaria o empregador a pôr fim ao contrato de trabalho pelo simples exercício do direito potestativo de despedir. Todavia, não se pode dissociar o valor social do trabalho do valor social da livre iniciativa, porque a ordem econômica funda-se exatamente nesse primado, valorizando o trabalho do homem em relação à economia de mercado, nitidamente capitalista.

*Daniel Sarmento*, discorrendo a respeito dos princípios constitucionais da liberdade e da iniciativa privada, revela, com rara felicidade, o escopo da Constituição Federal neste aspecto, quando pondera que, "se é certo que a autonomia privada recebe proteção da ordem constitucional, também está fora de dúvida que, dentro do quadro axiológico delineado pela Constituição de 1988, esta tutela não é uniforme, sendo muito mais intensa no plano concernente às escolhas existenciais da pessoa humana do que no campo da sua vida patrimonial e econômica".

E, enfatizando a limitação da autonomia privada frente a outros direitos que se lhe possam antepor, acrescenta: "Isto não quer dizer, no entanto, que estas liberdades fundamentais revistam-se de valor absoluto. É possível que a proteção de uma delas, no caso concreto, importe lesão a outro direito fundamental igualmente relevante, fazendo necessário restringir a liberdade em questão, de forma proporcional, visando à otimização dos bens jurídicos em confronto, por meio de uma ponderação de interesses. É isto que ocorre quando da aplicação dos direitos fundamentais na esfera privada, tornando necessário ponderar a autonomia com o direito que estaria sendo violado pela conduta do particular"[(12)].

Do exposto, conclui-se:

a) O poder de direção do empregador, cuja base dogmática se encontra na Constituição, é o direito do empregador de gerir, com liberdade, a atividade econômica, assumindo os riscos inerentes a esta atividade, mas reconhecendo-lhe a possibilidade (legitimidade) de lucros econômicos.

b) Esse direito fundamental do empregador não é absoluto, pois existem outros direitos fundamentais dos empregados que a ele podem se contrapor.

c) O empregador possui a obrigação jurídica de respeitar e concretizar os direitos fundamentais dos seus empregados.[(13)]

De tal arte, apenas o caso concreto e a ponderação dos valores poderá indicar qual direito fundamental irá prevalecer (se eventual direito fundamental do empregador ou do empregado) e a sua forma de concretização e harmonização.

---

(12) TRIBUNAL SUPERIOR DO TRABALHO. Ac. TST – 1ª T – Proc. RR – 1059/1999-087-15-00, julgado em 29 de junho de 2005. Rel. Juiz convocado Altino Pedrozo dos Santos. Disponível em: <www. tst.gov.br> Acesso em: 23 maio 2006.

(13) Tal conclusão deriva da aplicação dos direitos fundamentais às relações privadas.

Nesse passo, firmar-se um conceito de poder de direção do empregador compatível com o Estado democrático de direito: na ordem constitucional vigente, o poder de direção do empregador é direito fundamental decorrente do direito de liberdade e de livre iniciativa consagrados na Constituição.

Esse direito fundamental, como qualquer outro, deve ser exercido com respeito e concreção de outros direitos fundamentais dos empregados, objetivando alcançar — realizar — a dignidade humana no curso de um contrato de trabalho.

## 2.4. Instituto da interdependência e da solidariedade entre sujeitos envolvidos em uma relação de trabalho

Ao lado do poder de direção do empregador este novo direito do trabalho que ora se esboça passa a ter um novo instituto: instituto da interdependência e da solidariedade entre sujeitos envolvidos em uma relação de trabalho.

Deveras, um breve exame da Constituição vigente indica este caminho, qual seja, a superação do conflito entre classes por meio da adoção da noção de interdependência e solidariedade entre empregados e empregadores.

Nesse sentido (base dogmática constitucional deste instituto), aponte-se o disposto nos arts. 1º, incisos III e IV, 3º, incisos I, II, III e IV, 7º, incisos, VI, XI, XIII, XXVI, 170, *caput* e incisos II, III, IV, VII e VIII da Carta de 1988.

Ao se examinar esses dispositivos constitucionais, sobremodo o contido no art. 7º, inciso XI, nota-se que a Carta vigente procurou, claramente, construir uma nova matriz valorativa no âmbito das relações de trabalho: a de interdependência e a da solidariedade entre sujeitos envolvidos numa relação de trabalho.

Essa realidade deflue cristalina quando se verifica que a Constituição vigente, ao lado de estabelecer a possibilidade dos empregados de participarem nos lucros e na gestão da empresa (art. 7º, inciso XI), também permite a flexibilização de alguns direitos trabalhistas (art. 7º, incisos VI, XIII, XIV e XXVI), objetivando, assim, a proteção da dignidade humana (art. 1º, inciso III), por meio da tutela da livre iniciativa (art. 170, *caput*) e da busca do pleno emprego (art. 170, inciso VIII).

# CONCLUSÕES

Como visto ao longo desta tese, no direito do trabalho, uma verdadeira revolução está acontecendo, decorrente, entre outros fatores, da adoção, pela Constituição de 1988, de um novo modelo de Estado: o Estado democrático de direito[1], no qual os direitos fundamentais aplicam-se às relações privadas. Necessário, portanto, estudar esta verdadeira constitucionalização do direito do trabalho.

De fato, é o direito infraconstitucional que se deve adaptar à nova Constituição e não o contrário. Nesse contexto (Estado democrático de direito), a aplicação dos direitos fundamentais às relações privadas terá um influxo revolucionário e paradoxal no direito do trabalho.

É paradoxal por um motivo: aplicando-se os direitos fundamentais às relações privadas, visualiza-se, claramente, a necessidade de se tutelar e concretizar os direitos fundamentais de empregadores e empregados (e não apenas destes) antes, durante e depois do término do contrato de trabalho, protegendo sempre a dignidade da pessoa humana. Há, portanto, no novo direito do trabalho, colisão de direitos fundamentais contrapostos, que devem ser sopesados, harmonizados e, sobretudo, concretizados no caso concreto.

É, igualmente, revolucionário, pois neste proceder hermenêutico (concretização de direitos fundamentais) não há se falar no sacrossanto princípio de proteção, pois apenas o caso concreto poderá determinar o direito fundamental que irá prevalecer, ou seja, se o direito fundamental do empregado ou do empregador, tudo isso consoante ditames de justiça do qual o Estado democrático de direito é tributário.

De tal arte, esse paradoxal e revolucionário influxo dos direitos fundamentais nas relações privadas (trabalhistas) irá nos levar a duas conclusões básicas.

A primeira conclusão pode ser resumida pela incompatibilidade do direito do trabalho clássico com o Estado democrático de direito e com a jurisprudência de valores. De fato, este modelo de Estado assenta a sua teoria do direito (jurisprudência de valores) em três fundamentos: a justiça, a segurança jurídica e a liberdade.

Ora, um direito do trabalho que sempre privilegie uma das partes da relação jurídica (princípio de proteção), que também despreze a hierarquia das normas

(1) Sim, com a adoção desse marco teórico — o Estado democrático de direito — todo direito infraconstitucional precisa ser repensado, consoante exposto ao longo desta tese. Diverso não poderia ser, portanto, com o direito do trabalho. Aliás, este é um dos nossos objetivos: pensar um direito do trabalho compatível com o Estado democrático de direito.

jurídicas (princípio da norma mais benéfica) e que coloque em segundo plano a autonomia privada não é um direito compromissado com a justiça, com a segurança jurídica e com a liberdade, não é um direito condizente com o modelo estatal adotado no pórtico da Constituição (no preâmbulo e no artigo primeiro).

Sim, o direito do trabalho, para ser compatível com o Estado democrático de direito, deve se aprazer em tutelar e concretizar os direitos fundamentais de todas as pessoas, empregados e empregadores, envolvidas em uma relação de trabalho.

Deve, assim, buscar a realização da justiça em cada caso, e no caso concreto, concretizando e harmonizando os direitos fundamentais contrapostos de todos os sujeitos da relação contratual. Apenas nessa trilha tutela-se a justiça, a segurança jurídica e a liberdade, valores tão caros ao nosso modelo de Estado.

Nesse contexto, remarque-se: o Estado democrático de direito é compromissado com a concretização e a harmonização dos direitos fundamentais de todos (empregados e empregadores), e a hermenêutica dos direitos fundamentais exige, como fórmula de balizamento, o exame da situação fática. Apenas após o exame das particularidades do caso concreto, pode o Estado decidir qual direito será tutelado.

Trazendo essa realidade para nosso campo de estudo, pode-se concluir que um direito do trabalho condizente com o Estado democrático de direito deve respeitar e concretizar os direitos fundamentais de empregados e empregadores, levando em consideração, necessariamente, as particularidades do caso concreto.

Ademais, este novo direito do trabalho não cuidará apenas do trabalho. Tratará, também, do direito ao trabalho. Não de qualquer trabalho, mas um trabalho decente nos moldes propostos pela OIT, ou seja, direito ao labor criativo e o contraponto teórico deste direito ao labor: o direito fundamental ao lazer.

Deriva dessas conclusões uma outra realidade: a flexibilização trabalhista decorre da aplicação dos direitos fundamentais às relações privadas.

Primeiro, a flexibilização deve ser vista como manifestação do sagrado direito fundamental de liberdade (autonomia privada coletiva) a merecer tutela estatal num Estado democrático de direito. Segundo, a flexibilização traz em seu bojo a real necessidade de se harmonizarem direitos fundamentais conflitantes (empregados *versus* empregadores).

Essa concretização e harmonização de direitos fundamentais contrapostos dão-se no caso concreto (tão a gosto da tópica como método de hermenêutica constitucional), devendo levar em consideração as particularidades fáticas de cada região de um Brasil tão diverso. Assim sendo, fica mais fácil alcançar o valor justiça.[2]

---

(2) Por pertinente, relembre-se o conceito de flexibilização lançado nesta tese: "Considerando o ordenamento jurídico vigente, define-se a flexibilização trabalhista como um instrumento jurídico constitucional posto à disposição dos empregados e empregadores, que visa a possibilitar a adaptação das normas trabalhistas às diferentes realidades

No entanto, o limite ao negociado — flexibilizado — não é mais o previsto no art. 444 da CLT, mas sim o respeito ao núcleo essencial dos direitos fundamentais dos empregados e empregadores e a observância da real concretização de outros direitos fundamentais contrapostos, tutelando-se, sempre, a dignidade humana.

De tal arte, se não houver respeito ao núcleo essencial de um direito fundamental e mais, se não ocorrer concretização de outros direitos fundamentais contrapostos, a cláusula normativa poderá — deverá — ser anulada pelo Poder Judiciário.

Assim, num Estado democrático de direito, a função do direito do trabalho é estimular que as partes regulem as condições de trabalho e que, nesta regulação, os direitos fundamentais contrapostos sejam respeitados e concretizados. Neste proceder, deve-se utilizar o princípio da proporcionalidade, conectando-o à sua idéia motriz: a realização da justiça no caso concreto.

Portanto, a depender da situação fática em julgamento, ora pode prevalecer o direito fundamental do empregador, ora o direito fundamental do empregado. Não há como se pensar na prevalência, sempre, dos direitos dos empregados. Neste norte, não há que se falar em princípio de proteção.

Ferido de morte o princípio cardeal do direito do trabalho clássico, pode-se pensar numa nova visão de um instituto igualmente clássico desse direito: o poder de direção do empregador.(3)

De fato, da aplicação dos direitos fundamentais às relações de direito privado, decorre este outro dado: o poder de direção do empregador é limitado. Sim, os direitos fundamentais servem de limite ao poder de direção do empregador, conquanto este poder possa ser conceituado, também, como direito fundamental. Mas não há direito fundamental absoluto.

Assim, do fato do contrato de trabalho implicar, necessariamente, uma subordinação pessoal do empregado em face do empregador, não decorre a abdicação dos direitos fundamentais do empregado. Estes persistem e limitam o poder de direção do empregador.

Dessa verdade deriva a necessidade constante de utilização do princípio da proporcionalidade. Deveras, apenas este princípio pode orientar o aplicador do direito na busca do direito fundamental que irá prevalecer, se o direito do empregado ou do empregador. Este sopesamento exigirá o exame do caso concreto.

---

socioeconômicas do Brasil, com respeito e concreção dos direitos fundamentais, mitigando-se, conforme a hipótese fática, direitos dos empregados e dos empregadores. E mais, a flexibilização é decorrência ontológica do próprio Estado democrático de direito, pois nesta há interação e aplicação dos direitos fundamentais no âmbito do direito do trabalho. Por essa via, a flexibilização supera princípios clássicos do direito do trabalho, notadamente o princípio da proteção, e mitiga o poder de direção do empregador".

(3) Aliás, estudando este instituto em sua visão clássica, poder hierárquico do empregador, pode-se questionar seriamente se a visão do direito do trabalho como direito protetor do empregado correspondeu, algum dia, à realidade.

Portanto, o poder de direção do empregador (instituto jurídico gerado no direito do trabalho clássico) foi revisto conceitualmente.

Ora, da realidade exposta deriva a segunda conclusão desta tese: é preciso se pensar, para o novo direito do trabalho, novos princípios e institutos que sejam compatíveis com o Estado democrático de direito, pois a destruição do princípio-mor do direito do trabalho clássico não significa o fim do direito do trabalho. Afinal, existente o trabalho humano livre, este há de ser regulado juridicamente. E o direito do trabalho presta-se a este fim: regular as relações de trabalho.

Precisa-se, portanto, apenas pensar nas particularidades e interações desse ramo da ciência do direito com o Estado democrático de direito, pois particularidade normativa existe: o universo do direito do trabalho compõe-se de normas que regulam as relações de trabalho.

Deveras, normas reguladoras do contrato de trabalho fazem parte da seara normativa estatal e sempre hão de existir enquanto houver trabalho livre, pois as relações de trabalho precisam ser reguladas. Mas o que falar de seus princípios e institutos a lhe conferir autonomia científica?

Esta pergunta será respondida levando-se em consideração que a República Federativa do Brasil é um Estado democrático de direito.

Ora, este modelo de Estado se apraz na realização da justiça e na concretização de direitos fundamentais. Assim sendo, um direito do trabalho compatível com o Estado democrático de direito deve se guiar por esta diretriz: concretização dos direitos fundamentais.

Inserindo tal realidade no âmbito do direito do trabalho, passa-se a ter o princípio da concreção e harmonização dos direitos fundamentais e da justiça na regulação das relações de trabalho, por meio de acordos e convenções coletivas, objetivando a tutela da dignidade humana dos sujeitos envolvidos em uma relação de trabalho.

De fato, num Estado democrático de direito, todo o ordenamento jurídico deve tutelar e realizar a dignidade humana. Diverso não pode ser com o direito do trabalho.

Portanto, a particularidade desse ramo da ciência do direito é a tutela da dignidade humana no trabalho, realizando-a por meio da defesa e da concretização dos direitos fundamentais, que devem ocorrer, sobremodo, por meio de acordos e convenções coletivas do trabalho, pois estes sacramentam o direito fundamental de liberdade dos empregados e empregadores e está, via de regra, mais próxima das particularidades de cada região.

Entretanto, se os direitos fundamentais não forem respeitados e concretizados por meio de acordos e convenções coletivas, caberão ao Poder Judiciário dois caminhos. Primeiro: dar uma interpretação conforme a Constituição às cláusulas normativas, tornando-as compatíveis com a Constituição. Segundo: se não for possível o primeiro caminho, declarar a inconstitucionalidade da cláusula normativa, negando-lhe aplicação.

Esboçado um novo princípio cardeal para o direito do trabalho — princípio da concretização dos direitos fundamentais no âmbito das relações de trabalho — pertinente é pensar em novos institutos para este ramo da ciência do direito.

Nesse contexto, não mais existe o poder diretivo do empregador (não em sua visão clássica). Intercalando-se ao poder diretivo do empregador ter-se-á, paralelamente, um novo instituto cujos elementos básicos já estão delineados na Constituição de 1988. De fato, considerando a ordem constitucional estabelecida, pode-se derivar desta o instituto da interdependência e da solidariedade entre sujeitos envolvidos em uma relação de trabalho.

Nesse sentido, esse novo instituto deflue do disposto nos arts. 1º, incisos III e IV, 3º, incisos I, II, III e IV, 7º, incisos, VI, XI, XIII, XXVI, 170, *caput* e incisos II, III, IV, VII e VIII da Carta Magna.

Evidentemente, esse novo instituto carece de uma maior elaboração doutrinária e jurisprudencial como esta tese demonstra, mas sua existência, defluindo do ordenamento jurídico, é inegável.(4)

Em suma, para que o direito do trabalho não pereça e se torne mais justo e efetivo, necessário é trazer este ramo da ciência do direito para a Constituição, compatibilizando-o. Nesse caminho, novos princípios e institutos precisam ser delimitados. Noutras palavras: cuida-se da constitucionalização do direito do trabalho, pois a efetividade da Constituição é marca indelével do Estado democrático de direito.

(4) Falta ainda ao legislador cumprir a sua parte, pois sequer a lei prevista na Constituição foi aprovada.

# REFERÊNCIAS


AFTALION, Enrique R. *et al*. *Introducción al derecho*. Nociones preliminares. Teoria general. Enciclopedia Jurídica. Historia de las ideas. 11. ed. Buenos Aires: Cooperadora de Derecho y Ciencias Sociales, 1980.

ALMEIDA, Renato Rua de. Teoria da empresa e a regulação da relação de emprego no contexto da empresa. *Revista LTr*, São Paulo: LTr, v. 69-5, 2005.

ALEXY, Robert. Colisão de direitos fundamentais e realização de direitos fundamentais no Estado de direito democrático. Tradução: Luís Afonso Heck. *Revista de direito administrativo*, Rio de Janeiro: Renovar, n. 217, 1999.

______________. *El concepto y la validez del derecho*. Tradução: Jorge M. Seña. Barcelona: Gedisa Editorial, 2004.

______________. *Epílogo a la teoría de los derechos fundamentales*. Tradução: Carlos Bernal Pulido. Madri: Centro de Estudios, 2004.

______________. *Teoría de los derechos fundamentales*. Madri: Centro de Estudios Constitucionales, 1997.

AMARAL, Francisco. *Direito civil:* introdução. 2. ed. Rio de Janeiro: Renovar, 1998.

ANDRADE, Everaldo Gaspar Lopes. *Direito do trabalho e pós-modernidade*. São Paulo: LTr, 2005.

ANTUNES, Ricardo. *Os sentidos do trabalho*. Ensaio sobre a afirmação e negação do trabalho. São Paulo: Boitempo, 1999.

ASSIS, Rui. *O poder de direcção do empregador:* configuração geral e problemas actuais. Coimbra: Coimbra Editores, 2005.

BACHOF, Otto. *Normas constitucionais inconstitucionais?* Tradução: José Manuel Cardoso da Costa. Coimbra: Almedina, 1994.

BAHIA, Alexandre Gustavo de Melo Franco. *Interpretação jurídica no marco do Estado democrático de direito:* um estudo a partir do sistema de controle difuso de constitucionalidade no Brasil. Disponível em: <http://jus2.uol.com.br/doutrina/texto.asp?id=3588> Acesso em: 14 set. 2005.

BALAGUER, Francisco Caffe Jr. *et al*. *Derecho constitucional*. V. II, 8. ed. Madri: Tecnos, 2002.

BARLETTA, Fabiana. *A revisão contratual no código civil e no código de defesa do consumidor*. São Paulo: Saraiva, 2002.

BAPTISTA, Paula. *Compêndio de hermenêutica jurídica*. Clássicos do direito brasileiro. São Paulo: Saraiva, 1984.

BARROS, Alice Monteiro de. *Curso de direito do trabalho*. São Paulo: LTr, 2005.

______________. Poder hierárquico do empregador. Poder diretivo. In: *Curso de direito do trabalho: Estudos em memória de Célio Goyatá*. v. 1. Coordenação de Alice Monteiro de Barros. São Paulo: LTr, 1993.

BARROS, Suzana de Toledo. *O princípio da proporcionalidade das leis restritivas de direitos fundamentais*. 2. ed. Brasília: Brasília Jurídica, 2000.

BARROSO, Luís Alberto. *Princípios da razoabilidade e da proporcionalidade*. Disponível em: <http://www2.uerj.br/~direito/publicacoes/publicacoes/diversos/barroso2.html> Acesso em: 4 maio 2005.

BASTOS, Celso Ribeiro. *Hermenêutica e interpretação constitucional.* 3. ed. São Paulo: Celso Bastos Editor, 2002.

BAYLOS, Antônio. *Direito do trabalho:* modelo para armar. Tradução: Flávio Benites e Cristina Schutz. São Paulo: LTr, 1999.

______________. *Derecho penal del trabajo.* 2. ed. Madri: Trotta, 1997.

BELMONTE, Alexandre Agra. *Monitoramento da correspondência eletrônica nas relações de trabalho.* São Paulo: LTr, 2004.

BERNARDES, Hugo Gueiros. *O contrato de trabalho e a sua alteração.* São Paulo: LTr, 1986.

BOBBIO, Norberto. *O positivismo jurídico:* lições de filosofia do direito.Tradução: Márcio Pugliesi. São Paulo: Ícone, 1995.

______________. *Teoria do ordenamento jurídico.* 10. ed. Tradução: Maria C. dos Santos. Brasília: UNB, 1997.

BÖCKENFÖRDE, Ernst Wolfgang. *Estudios sobre el Estado de derecho y la democracia.* Tradução: R. A. Serrano. Madri: Trotta, 2000.

BONAVIDES, Paulo. *Teoria constitucional da democracia participativa:* por um direito constitucional de luta e resistência por uma nova hermenêutica por úma repolitização da legitimidade. São Paulo: Malheiros, 2003.

______________. *Do Estado liberal ao Estado social.* 7. ed. São Paulo: Malheiros, 2004.

BORRAJO DACRUZ, Efrén. *Introducción al derecho del trabajo.* 9. ed. Madri: Tecnos, 1996.

BRITO FILHO, José Cláudio Monteiro de. Trabalho com redução à condição análoga à de escravo: análise a partir do trabalho decente e de seu fundamento, a dignidade da pessoa humana. In: VELLOSO, Gabriel (Coord.). *Trabalho escravo:* o desafio de superar a negação. São Paulo: LTr, 2006.

CAMARGO, Margarida Maria Lacombe. *Hermenêutica e argumentação:* uma contribuição ao estudo do direito. 3. ed. Rio de Janeiro: Renovar, 2003.

CANARIS, Claus-Wilhelm. *Direitos fundamentais e direito privado.* Tradução: Ingo W. Sarlet e Paulo Mota Pinto. Coimbra: Almedina, 2003.

CANOTILHO, José Joaquim Gomes. *Direito constitucional.* 3. ed. Coimbra: Almedina, 1999.

______________. *Estado de direito.* Lisboa: Gradiva Publicações, 1999.

______________. *Estudos sobre direitos fundamentais.* Coimbra: Coimbra Editora, 2004.

CATALDO, José Luis. *El nuevo derecho del trabajo.* Santiago do Chile: Universitaria, 2004.

CARVALHO NETTO, Menelick de. Requisitos pragmáticos da interpretação jurídica sob o paradigma do Estado democrático de direito. *Revista de Direito Comparado,* Belo Horizonte: Mandamentos, v. 3, 2000.

CASTRO, Flávia de Almeida Viveiros de. *Interpretação constitucional e prestação jurisdicional.* Rio de Janeiro: Lumen Juris, 2000.

CHIMENTI Ricardo I. *Curso de direito constitucional.* São Paulo: Saraiva, 2004.

CITTADINO, Gisele. *Pluralismo, direito e justiça distributiva.* Elementos da filosofia constitucional contemporânea. Rio de Janeiro: Lumen Juris, 2004.

CORDEIRO, Wolney de Macedo. *A regulamentação das relações de trabalho individuais e coletivas no âmbito do Mercosul.* São Paulo: LTr, 2000.

CUNHA, Carlos Roberto. *Flexibilização de direitos trabalhistas à luz da Constituição federal.* Porto Alegre: Sérgio Antônio Fabris, 2004.

DELGADO, Mauricio Godinho. *Curso de direito do trabalho.* 2. ed. São Paulo: LTr, 2003.

DÍAZ, Elias. Estado de derecho y derechos humanos. In: BETEGÓN, Jerônimo *et al.* (Coord.). *Constitución y derechos fundamentales.* Madri: Centro de Estudios Políticos y Constitucionales, 2004.

DUNNET, Andrew. *Para compreender a economia.* Tradução: Maria Adelaide Carvalho. Lisboa: Fundação Calouste Gulbenkian, 1990.

DURANT, Will. *História da filosofia.* Tradução: Luiz Carlos do Nascimento Silva. Rio de Janeiro: Nova Cultural, 1996.

DWORKIN, Ronald. *Levando os direitos a sério.* Tradução: Nelson Boeira. São Paulo: Martins Fontes, 2002.

ENGISH, Karl. *Introdução ao pensamento jurídico.* 6. ed. Tradução: J. Batista Machado. Lisboa: Fundação Calouste Gulbenkian, 1983.

FARIAS, Edilsom P. de. *Colisão de direitos.* A honra, a intimidade, a vida privada e a imagem *versus* a liberdade de expressão e informação. 2. ed. Porto Alegre: Sérgio Antônio Fabris, 2000.

FECCHINI NETO, Eugênio. Reflexões históricos-evolutivas sobre a constitucionalização do direito privado. In: SARLET, Ingo. *Constituição, direitos fundamentais e direito privado* (Coord.). Porto Alegre: Livraria do Advogado, 2003.

FERRAZ, Anna Cândida da Cunha. *Processos informais de mudança da Constituição.* São Paulo: Max Limonad, 1986.

FERNANDES, Antônio Lemos Monteiro. *Direito do trabalho.* 11. ed. Coimbra: Almedina, 1999.

FRANCO FILHO, Georgenor de Sousa. *Globalização e desemprego:* mudanças nas relações de trabalho. São Paulo: LTr, 1998.

FREITAS, Gustavo de. *900 textos e documentos de história.* V. III. Lisboa: Plátano, 1976.

FREUD, Sigmund. *Obras psicológicas completas de Sigmund Freud:* edição standard brasileira / Sigmund Freud; com comentários e notas de James Strachey e Alan Tyson; traduzido do alemão e do inglês sob a direção geral de Jayme Salomão. V. I e III. 3. ed. Rio de Janeiro: Imago, 1994.

GALBRAITH, John Kenneth. *O pensamento econômico em perspectiva.* Tradução: Carlos A. Malferrari. São Paulo: Pioneira, 1989.

GARCEZ NETO, Martinho. *Temas atuais de direito civil.* Rio de Janeiro: Renovar, 2000.

GARCÍA AMADO, Juan Antonio. Los derechos de los trabajadores en la Constitución. Una lectura. In: BETEGÓN, Jerônimo *et al.* (Coord.). *Constitución y derechos fundamentales.* Madri: Centro de Estudios Políticos y Constitucionales, 2004.

GARCÍA FIGUEROA, Alonso. Principios y derechos fundamentales. In: BETEGÓN, Jerônimo *et al.* (Coord.). *Constitución y derechos fundamentales.* Madri: Centro de Estudios Políticos y Constitucionales, 2004.

GILISSEN, John. *Introdução histórica ao direito.* 3. ed. Tradução: A. M. Hespanha e L. M. Malheiros. Lisboa: Fundação Calouste Gulbenkian, 2001.

GOMES, Orlando e GOTTSCHALK, Elson. *Curso de direito do trabalho.* Rio de Janeiro: Forense, 1991.

GORZ, André. *Crítica da divisão de trabalho.* Tradução: Estela dos Santos Abreu. São Paulo: Martins Fontes, 2001.

______________. *Metamorfoses do trabalho:* crítica da razão econômica. Tradução Ana Montoia. São Paulo: Annablume, 2003.

GUERRA FILHO, Willis Santiago. *A filosofia do direito aplicada ao direito processual e à teoria da Constituição.* São Paulo: Atlas, 2001.

______________. *Processo constitucional e direitos fundamentais.* São Paulo: Celso Bastos, 1999.

GUGEL, Maria Aparecida. Cláusula coletiva de promoção da igualdade no emprego e na ocupação para o trabalhador negro. *Revista do Ministério Público do Trabalho na Paraíba,* João Pessoa, n. 1, 2005.

HÄBERLE, Peter. A dignidade humana como fundamento da ordem estatal. In: SARLET, Ingo Wolfgang (Coord.). *Dimensões da dignidade.* Ensaios de filosofia do direito e direito constitucional. Porto Alegre: Livraria do Advogado, 2005.

______________. *Hermenêutica constitucional.* A sociedade aberta dos intérpretes da Constituição: contribuição para a interpretação pluralista e procedimental da Constituição. Tradução: Gilmar F. Mendes. Porto Alegre: Sérgio Antônio Fabris,1997.

HESSE, Konrad. *Elementos de direito constitucional da República federal da Alemanha.* Tradução: Luís Afonso Heck. Porto Alegre: Sérgio Antônio Fabris, 1998.

HOBSBAWM, Eric. *Era dos extremos.* 2. ed. Tradução: Marcos Santarrita. São Paulo: Cia. das Letras, 1995.

KATAOKA, Eduardo Takemi. *Considerações sobre o problema da prescrição.* Disponível em: <http://www2.uerj.br/~direito/publicacoes/mais_artigos/consideracoes_ prescricao.html> Acesso em: 10 jan. 2006.

KELSEN, Hans. *Teoría general de las normas.* Tradução: Hugo Carlos Delory Jacobs. México: Trillaas, 1994.

LARENZ. Karl. *Derecho justo:* fundamentos de ética jurídica. Tradução: Luis Díez-Picazo. Madri: Civitas, 2001.

______________. *Metodologia da ciência do direito.* 3. ed. Trad. José Lamego. Lisboa: Calouste Gulbenkian, 1997.

LIMA, Francisco Meton Marques de. *Princípios de direito do trabalho na lei e na jurisprudência.* São Paulo: LTr, 1994.

MACIEL, Adhemar Ferreira. Apontamentos sobre o judiciário americano. In: TEIXERA, Sálvio (Coord.). *O judiciário e a Constituição.* São Paulo: Saraiva, 1994.

______________. *Dimensões do direito público.* Belo Horizonte: Del Rey, 2000.

MAGANO, Octavio Bueno *et al. O direito do trabalho na Constituição.* 2. ed. Rio de Janeiro: Forense, 1993.

MANCINI, Jorge Rodrigues. *Curso de derecho del trabajo y la seguridad social.* 4. ed. Buenos Aires: Astrea, 2000.

MARTINS, Sérgio Pinto. *Comentários à CLT.* 9. ed. São Paulo: Atlas, 2005.

______________. *Direito do trabalho.* 19. ed. São Paulo: Atlas, 2004.

MAXIMILIANO, Carlos. *Hermenêutica e aplicação do direito.* 18. ed. Rio de Janeiro: Forense, 2000.

MELLO, Celso Antônio Bandeira de. *Elementos de direito administrativo.* São Paulo: Revista dos Tribunais, 1981.

MENDES, Gilmar. *Direitos fundamentais:* eficácia das garantias constitucionais nas relações privadas — Análise da jurisprudência da Corte Constitucional alemã. Direitos fundamentais e controle de constitucionalidade. São Paulo: Celso Bastos Editor, 1999.

MORAES FILHO, Evaristo. *Introdução ao direito do trabalho.* v. 1. Rio de Janeiro: Forense, 1956.

MORAES, Germana de Oliveira. *Controle jurisdicional da administração pública.* São Paulo: Dialética, 1999.

MORAIS, José Luís Bolzan. De sonhos e defeitos da globalização. In: SARLET, Ingo Wolgang (coord.). *Direitos fundamentais sociais:* estudos de direito constitucional internacional e comparado. Rio de Janeiro: Renovar, 2003.

MÜLLER, Friedrich. *Quem é o povo?* A questão fundamental da democracia. Tradução: Peter Naumann. Revisão: Paulo Bonavides. São Paulo: Max Limonad, 1998.

NASCIMENTO, Amauri Mascaro. *Curso de direito do trabalho.* 7. ed. São Paulo: Saraiva, 1989.

______________. *Teoria geral do direito do trabalho.* São Paulo: LTr, 1998.

NANNI, Giovanni Etorre. A evolução do direito civil obrigacional: a concepção do direito civil constitucional e a transição da autonomia da vontade para autonomia privada. In: LOTUFO, Renan (Coord.). *Cadernos de direto civil constitucional,* caderno 2. Curitiba: Juruá, 2001.

NASSIF, Elaine Noronha. *Fundamentos da flexibilização:* uma análise de paradigmas e paradoxos do direito e do processo do trabalho. São Paulo: LTr, 2001.

NEVES, Castanheira. *O actual problema da interpretação jurídica — I*. Coimbra: Coimbra Editora, 2003.

OLIVEIRA, Dalva Amélia. *Reformas*. A atualização da legislação trabalhista e os direitos fundamentais no trabalho, segundo a declaração de princípios da OIT. São Paulo: LTr, 2004.

OLIVEIRA, José César. Formação histórica do direito do trabalho. In: BARROS, Alice Monteiro de (Coord.). *Curso de direito do trabalho:* estudos em memória de Célio Goyatá. São Paulo: LTr, 1993.

PAES, Arnaldo Bóson. *O poder de direção do empregador e a eficácia dos direitos fundamentais no contrato de trabalho*. Disponível em: <http://www.trt22.gov.br/institucional/gabinetes/gdabp/estudos/direcao.pdf> Acesso em: 19 maio 2006.

PEDRAJAS MORENO, Abdón. *Despido y derechos fundamentales:* estudio de la presunción de inocencia. Madri: Trotta, 1992.

PEREIRA, Jane Reis Gonçalves. Apontamentos sobre a aplicação das normas de direitos fundamentais nas relações jurídicas entre particulares. In: BARROSO, Luís Roberto (Org.). *A nova interpretação constitucional*. Rio de Janeiro: Renovar, 2003.

PÉREZ LUÑO, Antonio Enrique. *Derechos humanos, estado de derecho y Constitución*. 8. ed. Madri: Tecnos, 2004.

______________. *Los derechos fundamentales*. 8. ed. Madri: Tecnos, 2004.

PIGNON, Dominique et QUERZOLA, Jean. Ditatura e democracia na produção. In: GORZ, André (Org.). *Crítica da divisão de trabalho*. São Paulo: Martins Fontes, 2001.

PLÁ RODRIGUEZ, Américo. *Princípios do direito do trabalho*. Tradução: Wagner D. Giglio. São Paulo: LTr, 1993.

RADBRUCH, Gustav. *Introdução à ciência do direito*. Tradução: Vera Barkow. São Paulo: Martins Fontes, 1999.

REALE, Miguel. *Lições preliminares de direito*. 12. ed. São Paulo: Saraiva, 1985.

REZENDE, Roberto Vieira de Almeida. *O poder de direção dos serviços pelo empregador*. Disponível em: <http://www.unicz.it/lavoro/AL_REZENDE.pdf> Acesso em: 19 jan. 2006.

RIBEIRO, Ricardo Lodi. A interpretação da lei tributária na era da jurisprudência de valores. In: TORRES, Ricardo Lobo (Coord.). *Temas de interpretação do direito tributário*. Rio de Janeiro: Renovar, 2003.

RIGAUX, François. *A lei dos juízes*. Tradução: Edmir Missio. São Paulo: Martins Fontes, 2000.

ROMITA, Arion Sayão. *Direitos fundamentais nas relações de trabalho*. São Paulo: LTr, 2005.

______________. *O princípio da proteção em xeque e outros ensaios*. São Paulo: LTr, 2003.

______________. A crise do critério da subordinação jurídica — necessidade de proteção a trabalhadores autônomos e parassubordinados. *Revista LTr*, São Paulo: LTr, v. 68-11, 2004.

______________. *Globalização da economia e direito do trabalho*. São Paulo: LTr, 1997.

RUPRECHT, Alfredo J. *Os princípios do direito do trabalho*. São Paulo: LTr, 1995.

SANTOS, Marly Nunes de Moraes. *As* condições de validade das convenções coletivas de trabalho após a vigência da Constituição federal de 1988. *Revista do Tribunal Superior do Trabalho*. Porto Alegre: Síntese, v. 67, n. 1, jan./mar. 2001.

SARLET, Ingo Wolfgang. *A eficácia dos direitos fundamentais*. 4. ed. Porto Alegre: Livraria do Advogado, 2004.

SARMENTO, Daniel. A vinculação dos particulares aos direitos fundamentais no direito comparado e no Brasil. In: BARROSO, Luís Roberto (Org.). *A nova interpretação constitucional*. Rio de Janeiro: Renovar, 2003.

SCHMITT, Carl. *Théorie de la Constitution*. Tradução: Lylyane Deroche. Paris: Presses Universitaires de France, 1993.

SEOANE TORRES, Maria Carolina. Temas sobre derechos constitucionales. Colectivo de autores. *El derecho a la intimidade en el âmbito de las relaciones de trabajo*. Valencia: Vadell Hermanos, 2003.

SILVA NETO, Manoel Jorge e. *Curso de direito constitucional do trabalho*. São Paulo: Malheiros, 1998.

SIMM, Zeno. Os direitos fundamentais nas relações de trabalho. *Revista LTr*, São Paulo: LTr, 69-11, 2004.

SIMÓN, Sandra Lia. *A proteção constitucional da intimidade e da vida privada do empregado*. São Paulo: LTr, 2000.

SOUSA, Otávio Augusto Reis de. *Nova teoria geral do direito do trabalho*. São Paulo: LTr, 2002.

SOUSA, Rabindranath Capelo de. *Teoria geral do direito civil*. v. 1. Coimbra: Coimbra Editora, 2003.

STRECK, Lenio Luiz. O papel da jurisdição constitucional na realização dos direitos sociais-fundamentais. In: SARLET, Ingo Wolfgang (Coord.). *Direitos fundamentais sociais:* estudos de direito constitucional, internacional e comparado. Rio de Janeiro: Renovar, 2003.

______________. *Jurisdição constitucional e hermenêutica:* uma nova crítica do direito. Porto Alegre: Livraria do Advogado, 2002.

SÜSSEKIND, Arnaldo. *Direito constitucional do trabalho*. Rio de Janeiro: Renovar, 1999.

______________. *Direito internacional do trabalho*. 2. ed. São Paulo: LTr, 1987.

______________. *Instituições do direito do trabalho*. 15. ed. São Paulo: LTr, 1995.

SULLIVAN, Kathleen M. *Constitutional law*. Ed. 14. New York: Foundation Press, 2001.

TEIXEIRA, Sérgio Torres. *Proteção à relação de emprego*. São Paulo: LTr, 1998.

TORRES, Andreza Cristina Baggio. Direito civil — constitucional: a função social do contrato e a boa-fé objetiva como limite à autonomia privada. In: NALIN, Paulo (Coord.). *Contrato e sociedade:* a autonomia privada na legalidade constitucional. v. II. Curitiba: Juruá, 2006.

TORRES, Ricardo Lobo. A chamada "interpretação econômica do direito tributário". In: ROCHA, Valdir de Oliveira (Coord.). *O planejamento tributário e a lei complementar 104*. São Paulo: Dialética, 2001.

______________. A metamorfose dos direitos sociais em mínimo existencial. In: SARLET, Ingo Wolfgang (Coord.). *Direitos sociais:* estudos de direito constitucional internacional e comparado. Rio de Janeiro: Renovar, 2003.

VENEGAS GRAU, Maria. *Derechos fundamentales y derecho privado:* los derechos fundamentales en las relaciones entre particulares y el principio de autonomia privada. Madrid: Marcial Pons, 2004.

VERDÚ, Pablo Lucas. *O sentimento constitucional:* aproximação ao estudo do sentir constitucional como modo de integração política. Tradução. Agassiz Almeida Filho. Rio de Janeiro: Forense, 2004.

VIVANCO, Ângela M. *Curso de derecho constitucional:* bases conceptuales y doutrinarias del derecho constitucional. Tomo 1. Santiago: Ediciones Universidad Católica de Chile, 2002.

VIEIRA, José Ribas *et al*. *A Constituição européia:* o projeto de uma nova teoria constitucional. Rio de Janeiro: Renovar, 2004.

WIEACKER, Franz. *História do direito privado moderno*. 2. ed. Tradução: A. M. Botelho Hespanha. Lisboa: Fundação Calouste Gulbenkian, 1993.

ZANETTI, Gianfrancesco. John M. Finnis e la nueva dottrina del diritto naturale. In: ZANETTI, Gianfrancesco (coord.). *Filosofi del diritto contemporanei*. Milão: Cortina, 1999.

ZIPPELIUS, Reinhold. *Teoria geral do Estado*. 3. ed. Lisboa: Fundação Calouste Gulbenkian, 1997.

## Jurisprudência citada

SUPREMA CORTE DOS EUA. Ac., Muller v. Oregan, julgado em 24 de fevereiro de 1908, Rel. *Justice* David Brewer. In: *Great decisions of the US supreme courte*, edited by HARRISON, Maureen and GILBERT, Steve. New York: Barnes & Noble Books, 2003.

______________. Ac. TRIBUNAL CONSTITUCIONAL DE PORTUGAL, Proc. n. 485/96, julgado em 8 de janeiro de 1997, Rel. Conselheira Maria Fernando Palma. In: *Acórdãos do tribunal constitucional*. v. 36 (jan. a abr.). Coimbra: Coimbra Editora, 1997.

SUPREMO TRIBUNAL FEDERAL. Ac. STF – 2ª T. – Proc. RE n. 422941/DF, julgado em 6 de dezembro de 2005, Rel. Min. Carlos Velloso. Disponível em: <http://www.stf.gov.br/jurisprudencia/nova/pesquisa.asp> Acesso em: 22 maio 2005.

______________. Ac. STF – Pleno – Proc. Adin n. 939-DF, julgado em 15 de dezembro de 1993, Rel. Min. Sidney Sanches. Disponível em: <http://www.stf.gov.br/jurisprudencia/nova/pesquisa.asp> Acesso em: 17 maio 2006.

______________. Ac. STF – Pleno – Proc. MS n. 21729-4, julgado em 5 de outubro de 1995, voto do Min. Celso de Mello. Disponível em: <www. http://www.stf.gov.br/Jurisprudencia/> Acesso em: 13 jun. 2005.

______________. Ac. STF – Pleno – Proc. RE n. 205.815-7, julgado em 4 de dezembro de 1997, voto do Min. Celso de Mello. Disponível em: <www. http://www.stf.gov.br/Jurisprudencia/> Acesso em: 25 set. 2006.

______________. Ac. STF – Pleno - Proc. IF n. 2127/SP, julgado em 8 de maio de 2003, Rel. Min. Gilmar Mendes. Disponível em: <http://www.stf.gov.br/jurisprudencia/nova/pesquisa.asp> Acesso em: 24 set. 2006.

TRIBUNAL CONSTITUCIONAL DA ESPANHA. Ac. – 1ª Sala – Proc. 788/1995, julgado em 19 de julho de 1985, Rel. Juan Maria Bibao. Disponível em: <http://www.der.uva.es/constitucional/verdugo/stc88_1985.html> Acesso em: 12 jun. 2005.

TRIBUNAL REGIONAL DO TRABALHO. Ac. TRT 4ª R. – Proc. RO n. 01096-2002-001-04-00-8, julgado em 3 de março de 2006, Rel. Juiz Pedro Luiz Serafini. Disponível em: <http://www.trt4.gov.br/> Acesso em: 21 mar. 2006.

______________. 9ª R – 1ª T. – Proc. RO n. 7.385-96, Rel. Juiz Wilson Pereira. Disponível em: <http://www.trt9.gov.br/> Acesso em: 20 maio 2006.

______________. Ac. TRT 10ª R. – 3ª T. – Proc. RO n. 00381-2005-007-10-00-0, julgado em 1º de dezembro de 2005, Rel. Juiz Braz Henriques de Oliveira. Disponível em: <www.trt10.gov.br> Acesso em: 22 maio 2006.

______________. Ac. TRT 13ª R. Proc. – AA n. 058836/99, Rel. Juiz Carlo Coelho. Disponível em: <http://www.trt13.gov.br> Acesso em: 7 jun. 2006.

______________. Ac. TRT 15ª R. – 1ª T. – RO 010662/1999, julgado em 19 de outubro de 1999, Rel. Juiz Luiz Antônio Lazarim. Disponível em: <www.tst.gov.br> Acesso em: 23 maio 2006.

______________. Ac. TRT 18ª R. - Proc. – RO n. 3114/2000, julgado em 18 de março de 2001, Rel. Juíza Dora Maria da Costa). Disponível em: <http://www.tst.gov.br/> Acesso em: 17 jan. 2005.

______________. Ac. TST – 1ª T. – Proc. RR n. 499.669/98.0, julgado em 6 de abril de 2005, Rel. Min. João Oreste Dalazen. Disponível em: <http://www.tst.gov.br/basesjuridicas/> Acesso em: 17 jan. 2006.

______________. Ac. TST – 1ª T. – Proc. RR n. 613-2000-013-00, julgado em 18 de maio de 2005, Rel. Min. João Oreste Dalazen. In: *Revista do Tribunal Superior do Trabalho*, Brasília: Síntese, v. 71, n. 2, 2005.

______________. Ac. TST – 1ª T. – Proc. RR - 1059/1999-087-15-00, julgado em 29 de junho de 2005, Rel. Juiz Convocado Altino Pedrozo dos Santos. Disponível em: <www. tst.gov.br> Acesso em: 23 maio 2006.

______________. Ac. TST – 2ª T. – Proc. 567927/1999, julgado em 19 de abril de 2006, Rel. Juiz Convocado Carlos Gomes Godoi. Disponível em: <www.tst.gov.br> Acesso em: 23 maio 2006.

______________. Ac. TST – 2ª T. – Proc. 784901/2001, julgado em 29 de novembro de 2006. Rel. Min. José Simpliciano Fontes de F. Fernandes. Disponível em: <www.tst.gov.br> Acesso em: 24 jan. 2007.

______________. Ac. TST – 3ª T. – Proc. RR n. 00716/2000-077-15-00.9, julgado em 18 de dezembro de 2002, Rel. Min. Carlos Alberto Reis de Paula, Disponível em: <http://www.tst.gov.br/> Acesso em: 7 mar. 2005.

______________. Ac. TST – 3ª T. – Proc. RR n. 1638/2001-059-03-00, julgado em 15 de agosto de 2004, Rel. Min. Maria Cristina Irigoyen Peduzzi. Disponível em: <http://www.tst.gov.br/> Acesso em: 7 mar. 2005.

______________. Ac. TST – 3ª T. – Proc. RR n. 583-918/99, julgado em 10 de agosto de 2005, Rel. Min. Maria C. I. PEDUZZI. In: *Revista do Tribunal Superior do Trabalho*, Brasília: Síntese, v. 71, n. 2, 2005.

______________. Ac. TST– 3ª T. – Proc. RR n. 229/2005-057-03-00.1, julgado em 10.5.2006, Rel. Min. Maria Cristina Irigoyen Peduzzi. Disponível em: <http://www.tst.gov.br/> Acesso em: 28 set. 2006.

______________. Ac. TST – 4ª T. – Proc. AI n. 49274/2002-900-09-00, julgado em 17 de novembro de 2004, Rel. Min. Milton de Moura França. Disponível em: <http://www.tst.gov.br/> Acesso em: 7 mar. 2005.

______________. Ac. TST – 4ª T. – Proc. RR n. 005-2001-056-15-00, 4ª Turma, julgado em 7 de dezembro de 2005, Rel. Min. Ives Gandra Martins Filho. Disponível em: <http://www.tst.gov.br/> Acesso em: 16 mar. 2006.

______________. Ac. TST – 5ª T. – Proc. RR n. 462.888/1998.0, julgado em 10 de setembro de 2003, Rel. Juiz Convocado André Luís Moraes de Oliveira. Disponível em: <http://www.tst.gov.br/> Acesso em: 7 mar. 2005.

______________. Ac. TST – 5ª T. – Proc. RR. n. 1717.1999-005-.17, julgado em 30 de março de 2005, Rel. Min. João Batista Brito Pereira. Disponível em: <www.tst.gov.br> Acesso em: 9 jun. 2005.

______________. Ac. TST – 5ª T. – Proc. RR n. 1291/2003-036-03-00, julgado em 17 de agosto de 2005, Rel. Min. Aloysio Corrêa da Veiga. Disponível em: <http://www.tst.gov.br/basesjuridicas/> Acesso em: 17 jan. 2006.

______________. Ac. TST – 5ª T. – Proc. AIRR n. 708940/2000, julgado em 2 de maio de 2001, Rel. Juiz Convocado Guedes de Amorim. Disponível em: <http://www.tst.gov.br/basesjuridicas/> Acesso em: 20 maio 2006.

______________. Ac. TST – SDI-1 – Proc. E-RR n. 372.757-1997.91, julgado em 3 de junho de 2002, Rel. Min. Milton de Moura França. Disponível em: <http://www.tst.gov.br/> Acesso em: 16 maio 2006.

______________. Ac. TST – SDC – Proc. ROAA n. 75.9023-2001, julgado em 14 de março de 2002, Rel. Min.Ronaldo Leal. Disponível em: <www.tst.gov.br> Acesso em: 9 jun. 2005.

______________. Ac. TST – SDC – Proc. ROAA n. 796/2002, julgado em 14 de abril de 2005, Rel. Gelson de Azevedo. Disponível em: <www.tst.gov.br> Acesso em: 8 jun. 2005.